A Arte de Gerir Pessoas em Ambientes Criativos

José Wilson Armani Paschoal

A Arte de Gerir Pessoas em Ambientes Criativos

E outros ensaios sobre mudanças organizacionais e planejamento de carreira

EDITORA RECORD
RIO DE JANEIRO • SÃO PAULO
2004

CIP-Brasil. Catalogação-na-fonte
Sindicato Nacional dos Editores de Livros, RJ.

Paschoal, José Wilson Armani

P283a A arte de gerir pessoas em ambientes criativos / José Wilson Armani Paschoal; com a colaboração de Hamilton Fernando dos Santos e Alexandre Campos de Souza. — Rio de Janeiro: Record, 2004.

Apêndice
ISBN 85-01-07144-7

1. Recursos humanos. 2. Administração de pessoal. 3. Profissões — desenvolvimento. I. Santos, Hamilton Fernando dos. II. Souza, Alexandre Campos de. III. Título.

CDD 658.3
04-1989 CDU 658.3

Capa: Sergio Campante
Composição de Miolo: DFL Textos
Imagem de capa: AGB Photo

DISTRIBUIDORA RECORD DE SERVIÇOS DE IMPRENSA S.A.
Rua Argentina, 171 – 20921-380 – Rio de Janeiro, RJ – Tel.: 2585-2000

Impresso no Brasil

ISBN 85-01-07144-7

PEDIDOS PELO REEMBOLSO POSTAL
Caixa Postal 23.052 – Rio de Janeiro, RJ – 20922-970

"A atividade criativa poderia ser descrita como um tipo de processo de aprendizado no qual o professor e o aluno são o mesmo indivíduo."

Tom Peters

Agradecimentos

Agradeço ao Alexandre Campos e ao Hamilton dos Santos o apoio, as muitas horas de trabalho, que tornaram possível a realização deste livro. Gostaria ainda de agradecer imensamente aos amigos e parceiros os generosos depoimentos que viabilizaram esta obra. São eles: Andrés Bruzzone, Bete Saraiva, Claudia Ribeiro, Diva Velasco, Elda Müller, Joel S. Dutra, Laércio Gonçalves, Luiz Ângelo Fellet, Márcio Ogliara, Marília França, Mauro Calliari, Roseli Parrela, Sidnei Basile, Thomaz Souto Corrêa (sócio da alfaiataria; ver posfácio), Valter Pasquini, Vicente Paschoal Pinto Moraes. Não poderia me esquecer do apoio dos jornalistas Orlando Maretti e Silvia Candal no processo de produção; e de Maria Tereza Gomes, diretora de redação de *Você S/A*, e, outra vez, Joel S. Dutra, professor da FEA-USP, a paciência na leitura crítica dos originais.

Por fim, agradeço à Editora Abril como um todo, em especial seu presidente, Roberto Civita, e seu presidente executivo, Maurizio Mauro, os mais de 13 anos de trabalho e aprendizado.

Dedico este livro a Regina, minha esposa, pelo apoio e incentivo de sempre, e a Roberto e Mariana, a quem lembro que, na conta corrente do meu papel de pai executivo, o saldo foi, muitas vezes, devedor.

Este livro foi escrito em colaboração com Hamilton dos Santos
(texto e edição) e Alexandre Campos (entrevistas e pesquisa).

Sumário

Prefácio

Um mestre da motivação

Sidnei Basile*

Quando recebi, em 2000, o convite para voltar à Editora Abril, onde já havia trabalhado em 1975, refleti muito sobre o que de fato estava acontecendo comigo. Dedicara toda a minha vida ao jornalismo. Em 1993, saíra da *Gazeta Mercantil* e logo senti que era deprimente terminar prematuramente minha carreira. Aceitara um convite para trabalhar com informações financeiras e econômicas numa instituição bancária e, depois, voltando aos poucos para o que mais gostava de fazer, atuei em comunicação estratégica. Mas, sim, é verdade: tinha me distanciado das tarefas de sentar e escrever, editar o texto e tudo o mais. Na verdade, não me sentia bem, do ponto de vista existencial, com o que estava fazendo.

Mas não tinha a exata dimensão do que se passava comigo até receber a proposta. Voltar para esse grupo foi uma oportunidade

---

* Sidnei Basile é jornalista. Foi diretor de redação do jornal *Gazeta Mercantil*, diretor superintendente do grupo de publicações *Exame* e, atualmente, é diretor secretário editorial e de relações institucionais da Editora Abril.

que tive de me reconciliar com minha própria biografia. Nunca poderei ser suficientemente grato à Abril pela oportunidade que me deu. Isso me dá forças até mesmo nos momentos de adversidade.

E é aí que entra o José Wilson. Porque ele sabe trabalhar as sutilezas dos processos em que seus interlocutores estão envolvidos.

No curso desse meu retorno, descobri nele diversos atributos de convivência que, se foram importantes para mim, certamente devem ter sido também para muitos outros. Tudo muito rico e complexo, como se verá a seguir. Ele tem algumas características de liderança que o destacam dos demais dirigentes. Em primeiro lugar, a capacidade de acolher. Isso é fundamental numa editora, porque o jornalista é, essencialmente, um profissional solitário. Sentado no seu terminal, escrevendo sua matéria, seu artigo, ele vai falar para milhares, ou mesmo, dependendo do veículo, milhões de pessoas. E não tem a menor idéia de como seu trabalho será recebido.

Como em qualquer outra profissão, está sujeito a erros. Só que, quando o jornalista erra — sobretudo na área de economia e negócios, em que passei a maior parte da minha vida —, as pessoas jamais imaginam que ele possa ter errado de boa-fé, por simples incompetência. É inevitável que achem que você errou em má-fé, de propósito, atendendo a interesses escusos. Não me impressiono mais com isso, porque aprendi, com o tempo, que realmente funciona aquela máxima segundo a qual o ponto mais sensível do corpo humano é o bolso.

Mas é preciso desenvolver uma atitude forte, de caráter, para saber que, de vez em quando, vai errar — porque errar é humano —, e que, sempre que isso ocorrer, ninguém vai pegar leve com você.

Inversamente, todo mundo quer ter reconhecimento. A maioria das pessoas busca o reconhecimento da maneira mais singela possível. O motorista de táxi, quando se paga a corrida da bandeirada; o dono do restaurante, recebendo um simples elogio e o pagamento da conta. Já o jornalista não se contenta com essas simples condições.

É uma estranha profissão essa em que, para se sentir reconhecido, o profissional precisa estar em paz com vastas audiências. É uma circunstância da atividade. Obter o reconhecimento dessa maneira é algo que qualquer trabalhador comum dispensa, mas o jornalista não. Busca isso, consciente ou inconscientemente. Como se administra a questão, melhor dizendo, essa paixão?

Não é uma ciência, tem alguns toques de técnica e, seguramente, para ser bem-feita, é quase uma forma de arte. E é por esse motivo que a gestão de talentos em editoras é particularmente difícil. É como tocar um solo de violino perante uma orquestra afinada, diante de uma platéia exigente. Adicionalmente, há um lado do nosso trabalho que é fábrica (fazemos bens materiais, que se expressam como revistas, guias, livros) e outro que é serviço — um serviço à liberdade de expressão. Como em qualquer fábrica, é preciso considerar os fatores de produção. Sob esse ângulo, uma editora pode ser considerada uma fábrica de notícias, na qual o fator de produção relevante não é a fresa, não é o torno. É o jornalista.

Um velho mote sobre gestão de pessoas neste ramo é o de que um jornalista motivado vale por dois, por três, enquanto o jornalista desmotivado não vale meio. Nós formamos a opinião dos formadores de opinião. Por isso acreditamos, acima de tudo, que podemos mudar o comportamento das pessoas, podemos mudar o país, podemos mudar o mundo.

Somos sonhadores.

Ou seja: você deve trabalhar a motivação dos jornalistas, mantê-los inspirados e aspirantes a fazer a diferença na sociedade em que vivem, não por generosidade, filantropia ou apreço ao ser humano. Deve fazê-lo porque eles se tornam mais produtivos por se sentirem profundamente motivados pelo que fazem. Suas matérias serão melhores, as revistas que daí resultarem serão melhores. E como se mede isso? Aqui, o jeito de medir é diferente de qualquer outro negócio. Afinal, existe um jeito de quantificar desempenho? E criatividade?

Como eu disse que administrar talentos em uma editora é uma arte, e como o José Wilson é o vice-presidente de Recursos Humanos da Abril, concluo daí que o José Wilson é um mestre nessa arte. Ele vem fazendo história nesse ramo, porque tem as qualidades fundamentais para ser bem-sucedido nessa árdua missão.

Certa vez me encantei com a idéia de buscar atributos nas pessoas a partir de outras atividades que poderiam desempenhar muito bem, além das que fazem na prática, para ver se combinam com elas. É o que faço a seguir com o José Wilson. Vejamos.

Antes de tudo, ele é um grande *diplomata*.

Arredonda, tem uma paciência incrível, faz as pessoas se aproximarem. E tem a pegada certa para encaminhar os assuntos para onde não podem deixar de ser encaminhados. Talleyrand, o patriarca dos diplomatas, disse uma vez que "a política é a arte de acelerar o inevitável". Determinado tema vai em uma certa direção? Corra para ela, não perca tempo, simplesmente faça. José Wilson age assim.

Sob outro aspecto, ele é um *pregador*. Obedece a rituais e tem um lado confessor — as pessoas o procuram para se confessar e mostrar a ele suas fragilidades. O fundamental é que *sabem* que podem fazê-lo, que serão ouvidas em boa-fé, e alguma solução boa e agregadora emergirá do problema. Além disso, discretíssimo, ele guarda como ninguém os segredos da confissão — o que lhe garante sua enorme credibilidade.

A outra faceta do pregador é que prega um sonho. É uma pessoa que tem uma visão muito precisa do que podemos vir a ser, mesmo no meio de crises agudas, que sempre ocorrem. E não fica no sonho, mas sustenta o cotidiano a partir desse sonho, o caminho em direção ao sonho.

Adicionalmente, tem a pegada de um *general*, aquele que mantêm a tropa formada, em condições de fazer as manobras necessárias, os movimentos estratégicos. Tem a noção do campo de batalha, da formação necessária, dos meios precisos de alcançar o resultado, e vai à luta com muita determinação. Dez entre dez vezes, ganha. E, melhor de tudo, quando ganha é a favor de todos, porque aí entra a faceta agregadora do pregador.

Por fim, mas não menos importante, é preciso admitir que o José Wilson é também um bom *advogado*, que sabe analisar e avaliar o que é justo em cada tema que se discute dentro da empresa. Cumpre a liturgia de sua atividade. Ouve as partes e toma a voz — *ad voca* — para tratar de obter o bem comum.

Impressiona-me, desde que voltei à Abril, a estratégia de Recursos Humanos voltada para que se tratem a todos com justiça, mesmo sob — ou sobretudo sob — os tempos bicudos que a indústria editorial sofreu nos últimos quatro anos. Ao falar dela, recorro à clássica definição que os romanos davam para justiça: *é aquilo que é ajustado à conduta humana.* Uma luva ajustada à mão, por exemplo, é uma luva justa. José Wilson é justo exatamente nesse sentido.

O mérito da Abril é ter um RH atuante, que se preocupa com o destino da empresa, com o conjunto dos seus negócios, com todas as atividades que permeiam esses negócios, e não apenas com os jornalistas. Isso é fundamental. O que quero dizer é que o RH da Abril, liderado pelo José Wilson, sabe mover a procissão inteira e não apenas um dos andores.

Orientar o percurso profissional de pessoas que têm nada menos do que a custódia da consciência da sociedade — como a Abril tem — é uma tarefa densa, imensa, desafiadora, enorme. É preciso que, ao fazer essa orientação, você seja o fiador desses valores. Tenho certeza de que essa confiança o José Wilson conseguiu conquistar, não só na Abril, onde o conheci, mas também nas outras empresas onde ele trabalhou.

Acho que todos os que trabalham sob a gestão do José Wilson têm muita sorte, porque contam com um dos mais competentes profissionais para ajudar a administrar sonhos, sonhos realizáveis. É um verdadeiro mestre da motivação.

Introdução

Memórias executivas com sabor de melhores práticas

Começo com uma confissão: sou um planejador compulsivo. Três forças básicas vêm guiando e acelerando os meus passos como homem de RH.

Essas forças são, em primeiro lugar, o ato de planejar; em segundo, a doce sensação de ver realizado aquilo que, individualmente ou em equipe, se traçou com rigor, dedicação e entusiasmo; por último, a inigualável satisfação de ver pessoas ao meu redor crescendo e se desenvolvendo em suas carreiras.

Entretanto, embora eu tenha, ao longo dos últimos anos, planejado com alguma meticulosidade o meu desembarque da vida executiva, jamais passou pela minha cabeça colocar um ponto final nesses 34 anos de carreira com um caudaloso memorial do tipo "Cem receitas de sucesso de um ex-VP de RH" — até porque nunca cogitei a hipótese de mergulhar no ócio ao encerrar meu ciclo dentro das organizações.

Devo prosseguir, portanto, com uma segunda confissão: a idéia deste livro não é minha.

Mas eu a abracei, com orgulho e entusiasmo, diga-se, a partir do momento em que alguns amigos me convenceram de que, da minha trajetória em Recursos Humanos, poder-se-iam extrair algumas melhores práticas e alguns *insights* inspiradores sobre questões atuais, como a *gestão de pessoas em ambientes criativos*, o *novo timing das mudanças organizacionais* e até mesmo as dificuldades que cercam o *planejamento de carreira* na era dos ativos e das capacidades intangíveis, como capital intelectual, criatividade, marcas, tempo etc.

Ensaísmo livre

Neste livro, que é uma mistura de memorialismo corporativo com ensaísmo livre, vamos falar, nesta ordem, de *gestão da criatividade, mudanças organizacionais* e *planejamento de carreira.*

Trata-se de três questões clássicas da administração moderna, mas que aqui serão focadas não no plano da teoria, mas sim na perspectiva da prática validada pela ação; não pelo viés do RH assistencialista, obscurantista, taylor-fordista e convencional do passado, mas pelo viés de um RH humanista, socialmente responsável, alinhado às estratégias e, claro, comprometido até a medula com os resultados.

Para falar dessas três questões de extrema relevância tanto para o mundo corporativo como para os estudiosos do assunto, vou me valer aqui apenas e tão-somente daquilo que pude assimilar dos desafios que enfrentei, dos esforços que empreguei em prol da inovação e da mudança e, claro, dos erros que cometi ao longo da minha trajetória profissional nas seis empresas em que trabalhei. Trajetória cuja fase executiva foi exercida na linha de comando e no centro nervoso de três organizações complexas. Duas delas, justamente aquelas em que trabalhei mais tempo, são empresas cujos negócios não estavam nas mãos de pessoas, mas eram as próprias pessoas.

Empresas nas quais o faturamento, o fluxo de caixa e a rentabilidade dependem quase exclusivamente da força criadora e dos humores da mente humana. Empresas onde a já difícil tarefa de gerir pessoas se apresenta com um grau a mais de dificuldade. Empresas onde as mudanças organizacionais só pegam se passar pelo senso devastadoramente crítico e irreverente daqueles que integram seu núcleo criativo. Por fim, empresas nas quais a cada vez mais complexa questão da administração da carreira ganha dimensões importantes para a própria sobrevivência do negócio – e das pessoas nele envolvidas.

Um pouco de bastidores

Meu propósito é, repito, falar dessas três questões desafiadoras lançando mão de um tipo de reflexão que tem como base as histórias, os *cases* e os bastidores que vivi nesses anos todos.

Essa reflexão, que se dará na forma de pequenos ensaios, será feita na perspectiva de um observador que teve o privilégio de trabalhar, conviver e trocar idéias com alguns dos mais brilhantes e reconhecidos profissionais dos setores de comunicação, telecomunicações, informática e consultoria.

A necessidade de formular políticas, criar ou desenvolver estruturas de Recursos Humanos e Desenvolvimento Organizacional que fossem próprias e adequadas para cientistas, engenheiros e jornalistas levou-me a manter uma convivência intensa com esse tipo de profissional.

E, no calor dessa convivência, me vi obrigado não a reinventar a roda ou a criar conceitos de administração originais, mas a ter que fazer um exercício interessante de adequar e adaptar conceitos e teorias já clássicos às necessidades e humores dos ambientes criativos.

E são os resultados deste exercício, somados às histórias, aos *cases* e aos bastidores de que falei acima, o combustível deste livro, que também pretende dar uma modesta contribuição para o registro das fantásticas transformações que estão ocorrendo neste exato momento no mundo corporativo. Transformações que, no meu modo de entender, estão nos conduzindo para uma era cujo espírito poderia ser traduzido por um certo Iluminismo Corporativo. Uma era na qual a razão administrativa – e este é um dos grandes desafios do RH do futuro – busca o equilíbrio entre a geração de riqueza e prosperidade e a geração de bem-estar e felicidade.

Uma era em que se busca a combinação perfeita entre as licenças da criatividade e os imperativos da boa administração. E é entre esses dois pólos que navega esse meu memorialismo executivo.

Em tempo: embora os *cases*, as histórias e os exemplos destes ensaios sejam todos reais e factuais, omiti propositadamente os nomes das pessoas que os protagonizaram. Julgo ser esta a melhor forma de evitar possíveis injustiças ou mal-entendidos.

José Wilson A. Paschoal
São Paulo, inverno de 2004

Primeira Parte

A arte de gerir pessoas em ambientes criativos

1

A classe criativa à luz da nova razão empresarial

O projeto destas minhas memórias executivas, às quais dou início aqui, nasceu à luz de um diálogo que se estabeleceu entre mim e dois jovens colaboradores — o jornalista Hamilton dos Santos e o administrador de empresas Alexandre Campos — acerca de dois fenômenos da atualidade que, além de se intercruzarem, estão, de certa forma, fortemente vinculados à área de Recursos Humanos, à qual dediquei os últimos 23 anos de minha carreira.

Um desses fenômenos é o surgimento da chamada classe criativa, que se encontra registrado e magnificamente analisado no livro *The Rise of The Creative Class* (O nascimento da classe criativa), do norte-americano Richard Florida.

O outro fenômeno é o que denominamos Iluminismo Corporativo, que não está em livro, mas está no ar: trata-se de uma nova razão corporativa, um novo jeito de a empresa olhar para si mesma e para a comunidade que cria em torno de si.

A classe criativa, explica Florida, é formada por cientistas, engenheiros, arquitetos, educadores, escritores, jornalistas, *designers*, fotógrafos e outros profissionais da indústria do entretenimento. Ele define os membros dessa classe como sendo aquelas pessoas capazes de criar novas idéias, novas tecnologias e conteúdos criativos.

O mais interessante é que Florida — um acadêmico especializado em desenvolvimento econômico regional — verificou, por meio de uma extensa e rigorosa pesquisa, que esse grupo compartilha características que, segundo ele, farão tremenda diferença na economia e na sociedade do futuro próximo.

Entre essas características estão a própria criatividade, a individualidade, a diversidade e a meritocracia. Sua pesquisa aponta que essa classe já representa 30% da força de trabalho dos Estados Unidos, isto é, uma classe que possui 38 milhões de membros. Para ele, esta classe já está influenciando profundamente o mundo do trabalho e o estilo de vida do século XXI. A idéia de Richard Florida é que a era do conhecimento propicia o nascimento da cultura criativa, em oposição à cultura empresarial clássica. "Hoje, a capacidade de realizar tarefas corretamente não é mais a mercadoria que os empregados vendem aos empregadores", apregoa o autor. Isso, segundo ele, seria um atributo da cultura empresarial clássica, no âmbito das empresas altamente hierarquizadas. Na era criativa analisada por Florida, as pessoas vendem, acima de tudo, sua capacidade de pensar.

Mas ele vê um problema sério na classe criativa norte-americana. Acha que seus membros, embora já tenham alguns valores morais louváveis — como a valorização da natureza e a negação da cultura do *fast-food* alimentar —, compõem um grupo excessivamente narcisista, voltado para o próprio umbigo, e que esse comportamento é ainda mais intensificado pelo fato de a criatividade e a inovação terem se tornado hoje valores tão fortemente cultivados como se estivessem acima do bem e do mal.

Contra esse comportamento, Florida defende a idéia de que chegou a hora de a classe criativa crescer.

Para ele, seus membros, gente muito bem paga para pensar e criar, deveriam tornar-se adultos, deixando de compor apenas uma mancha amorfa para constituir-se numa massa crítica mais coesa e socialmente atuante. E, dessa forma, diz o autor, assumindo responsabilidades sociais, colocando suas formidáveis habilidades técnicas e seu cobiçado talento a serviço do bem comum.

Mas, antes de o livro ganhar esse tom meio controverso, a pesquisa do autor sugere coisas interessantes. Por exemplo, ele se pergunta o que têm em comum as cidades e regiões economicamente bem-sucedidas da atualidade. Conclui que essas cidades são regidas por três Ts — Talento, Tecnologia e Tolerância. "A sabedoria comum", escreve Florida, "diz que, para desenvolver uma região, é necessário atrair empresas e criar empregos. De fato, as empresas se instalam onde estão os talentos; nem o mais generoso incentivo fiscal conseguirá atrair empresas se elas não forem capazes de encontrar a mão-de-obra de qualidade de que necessitam. É por isso que, freqüentemente, são os próprios talentos que criam as empresas e os empregos."

Não é preciso entrar nos méritos sociopolítico e econômico das idéias de Florida para notar que elas podem muito bem ser transportadas para o mundo das empresas. Falo principalmente daquelas ligadas ao entretenimento, à comunicação e à tecnologia.

Nessas organizações, os criativos, se não forem bem geridos, costumam se organizar como feudos que, isolados do restante da empresa, criam as suas próprias regras, seu próprio mundo. Assim, abrem espaço para comportamentos românticos, irracionalistas e, muitas vezes, até autoritários.

A criatividade não é atributo apenas de artistas, jornalistas, *designers* e cientistas. Ela é, em maior ou menor grau, inerente ao ser humano.

E é aí que entra o fenômeno que acima descrevemos como Iluminismo Corporativo. Trata-se de um momento muito saudável e interessante que se verifica hoje no mundo dos negócios.

Esse momento prega que a criatividade é para todos e que todos os setores da empresa moderna têm espaço para ela. Cabe às políticas modernas de gestão de pessoas saber catalisar a criatividade das pessoas em benefício delas mesmas e dos resultados da empresa.

E o momento não poderia ser mais propício para esse movimento. Sim, as empresas estão deixando de ser estruturas áridas, inflexíveis e hierarquizadas, repletas de caixinhas nas quais pessoas se digladiam por posições, *status* e poder.

Elas estão se transformando em ambientes em que predominam a razão, a busca de resultados com ética e o respeito pela qualidade de vida do homem e do planeta. Estão deixando de ser apenas empresas para serem também escola e até mesmo um espaço aonde vamos para nos divertir.

Sim, creiam, há hoje nas organizações realmente diferenciadas um certo clima de igualdade, fraternidade e liberdade, quer dizer, coerência, eqüidade e transparência. Isso, de modo algum, dispensa a meritocracia. Ao contrário, a meritocracia é um valor cada vez mais cultuado no mundo corporativo. E é em torno dela que um RH moderno deve se organizar.

Houve, há dez anos, a crença de que as empresas, enquanto espaço físico, iriam deixar de existir devido ao trabalho remoto. Isso não aconteceu e, acredito, não vai acontecer tão cedo.

O motivo é simples: o ser humano é gregário, gosta de se organizar em comunidade.

E esta é mais uma característica do tal Iluminismo Corporativo, que, de resto, se completa pela idéia de autonomia, pela valorização da cultura, do conhecimento e das artes, pelo sentimento de inconformismo com resultados medíocres, por funções autogerenciáveis e, principalmente, pela crença na tolerância, na diversidade e na educação.

Esse estado de espírito, porém, não é auto-suficiente nem pode se transformar em um oásis desgovernado. Ele precisa de lideranças que sejam capazes de fazer o papel de navegador, que sejam capazes de transformá-lo em riquezas, isto é, em resultados. A capacitação adequada dessas lideranças acontece, a meu ver, quando funciona a dobradinha formada pela presidência e pela direção de Recursos Humanos.

Dessa dobradinha, mais do que qualquer outra coisa (como tento sugerir nos *insights* que seguem), também depende o sucesso de uma estratégia vencedora de gestão de Recursos Humanos em ambientes criativos.

2

Abaixo os feudos criativos

A primeira coisa que se deve saber sobre gestão de pessoas criativas é como usar a criatividade delas em favor de toda a organização.

Assim, é possível pensar essa organização como um todo. Um todo que resulta em um ambiente gerador de riquezas e que está imbuído de um só espírito. Um todo que precisa de talentos criativos em todas as áreas. E não um todo dotado de um feudo, onde reina uma casta de "inovadores" voltada para o próprio umbigo.

Um ambiente criativo é, portanto, aquela organização que requer talentos criativos em todos os seus poros.

A segunda coisa é saber que, para catalisar a criatividade de todos os participantes da cadeia produtiva, o RH tem que ter, ele próprio, uma gestão e uma estrutura criativas.

O foco principal dessa estrutura e dessa base deve estar no esforço de dotar a organização da capacidade de oferecer perspectivas de crescimento na carreira especializada sem que o especialista precise assumir cargos gerenciais, sem que ele precise deixar de ser um criador para se transformar em mais um administrador.

Por outro lado, essa estrutura deve fazer com que o "criativo" também possa seguir pelo caminho gerencial se ele assim o desejar, se essa for a sua vocação.

O importante é que a estrutura crie meios adequados para que o profissional criativo esteja comprometido com os resultados sem que isso lhe tolha a criatividade.

Uma boa gestão de RH nesses ambientes deve ajudar a pessoa criativa a sentir que, no caso de assumir funções gerenciais, ela está incorporando valor à sua carreira e não aviltando a mesma.

No ambiente criativo, mais do que em qualquer outro tipo de indústria, o conjunto de práticas de Recursos Humanos deve apresentar duas características fundamentais:

- colocar suas práticas, seus profissionais e seus instrumentos a serviço do alinhamento do desempenho individual às metas a serem alcançadas pela organização;
- criar condições para que o criativo se sinta plenamente realizado, reconhecido e remunerado com justiça.

Isso, entretanto, não é uma receita de bolo.

É, na verdade, a base dos modelos de desenvolvimento organizacional que transpomos das cartilhas da administração moderna para a realidade prática e cultural das empresas em que tive o privilégio de trabalhar.

Empresas que tinham uma característica em comum: em sua estrutura havia uma célula composta de profissionais criativos que tendiam a se isolar do resto.

Tendiam a se isolar devido tanto à cultura da empresa quanto às idiossincrasias da categoria profissional a que pertenciam.

O fato é que tais modelos reverteram aquela tendência de isolamento, mostrando-se — graças a uma série de circunstâncias favoráveis, entre elas o apoio incondicional do primeiro homem dessas companhias — não apenas vencedores do ponto de vista dos resultados, mas, sobretudo, se mostraram eficazes como elementos capitalizadores da diversidade cultural, da criatividade instalada e do espírito colaborativo calcado principalmente na multidisciplinaridade.

Para serem implementados com sucesso, esses modelos tiveram que ser, obrigatoriamente, dotados de outro elemento-chave: a flexibilidade. Um elemento que, ao longo da minha carreira, permitiu que soluções fossem encontradas à medida que os problemas foram surgindo.

•

(E, aqui, vale abrir logo um parêntese: a pior maneira de gerir categorias criativas isoladas dentro de uma organização é criando estruturas e políticas de RH específicas para elas. Entretanto, as políticas gerais têm que ter, necessariamente, grande margem de interpretação e manobra, de modo que se garanta aos criativos a liberdade necessária. E, ao negócio, margens de risco aceitáveis.)

•

Embora não seja uma receita-padrão nem sejam modelos originais, creio haver no modo como os implementamos nas empresas às quais me referi alguns *insights* que, talvez, possam mesmo ser tomados como melhores práticas da realmente difícil e desafiadora arte de gerir pessoas criativas.

3

O desafio de atrair os melhores cérebros

> "Trabalhei numa empresa de engenharia, onde os engenheiros se achavam o máximo. E tinha que ouvir coisas assim: 'sou muito lógico, porque sou engenheiro'. E eu respondia: 'eu também, porque sou psicóloga, e a lógica existia antes de Descartes' "
>
> (Diva Velasco, diretora de Atração e Desenvolvimento de RH — Editora Abril)

A primeira vez que me vi diante da questão de uma célula criativa com tendência a se isolar do resto da organização foi em meados da década de 1970, quando assumi a Gerência de Sistemas de uma empresa que atuava nas áreas de telecomunicações, informática, sistemas de controles industriais e sistemas de controle de tráfego aéreo.

Era então a maior empresa nacional do setor no país.

Na indústria de informática e telecomunicações, vivíamos a era da reserva de mercado.

Na política, o Brasil respirava os ares muito pesados da ditadura militar. Na economia, a classe média dançava conforme o ritmo da doce e traiçoeira música do milagre econômico.

Oscilando entre o clima institucional pesado e a euforia econômica, o mundo dos negócios já acenava, àquela época, com a promessa da felicidade e do progresso que adviriam como conseqüência natural do desenvolvimento da tecnologia dos *hardwares* e dos *chips*.

Estava se construindo no Brasil uma indústria nacional de informática, uma tentativa de gerar tecnologia aqui mesmo. Para quem experimentou essa tentativa do lado de dentro, pode-se dizer que foi um sonho extraordinário de se produzir *know-how* brasileiro, com um incrível foco em pesquisa e desenvolvimento.

A empresa em questão não precisava de muitos gerentes e sim de pessoal especializado, técnicos e engenheiros de alto nível.

Ou seja, precisava atrair os melhores cérebros disponíveis no país, os gênios que saíam dos departamentos de Engenharia, Matemática e Física da Unicamp, USP, ITA e muitas outras universidades de primeira linha no país.

O problema era: como permitir o crescimento profissional dessas categorias se não havia "caixinhas" no organograma da companhia para todos eles?

Portanto, era preciso ter uma estrutura de Recursos Humanos compatível com essas necessidades, que desse conta da solução dessas dificuldades.

Uma estrutura que correspondesse às grandes esperanças relacionadas àquela indústria do futuro, que produzia computadores, periféricos e alimentava sonhos digitais. Esta indústria era cercada de uma nova atmosfera.

4

Um admirável mundo novo

Era de fato uma atmosfera completamente diferente, havia certa efervescência, um ambiente de criatividade, com promessas de grandes novidades nas áreas de pesquisa e desenvolvimento de engenharia eletrônica e computacional.

A arquitetura da empresa era a mais leve e a mais homogênea que eu vira até então. Porém, muito diferente e muito mais rígida do que a arquitetura descontraída, colorida e multicultural que eu encontraria, anos mais tarde, quando me transferisse para a indústria de mídia, na qual, por incrível que pareça, acabaria enfrentando desafios muito semelhantes aos que estou relatando aqui.

Além dos centros de pesquisa e desenvolvimento, havia salas hermeticamente fechadas e limpas, onde só se entrava com roupas especiais, pois ali se produziam equipamentos eletrônicos de altíssima precisão.

Apesar de sustentado pelo escudo irrealista da reserva de mercado, aquele ambiente repleto de equipamentos geométricos e malhas de transistores era então o nosso melhor sonho de um *admirável mundo novo.*

Mas, além das grandes esperanças, vivíamos, de fato, naquela empresa um período marcado por fortes pressões. Crescíamos, em termos efetivos, à ordem de 150% ao ano. Praticamente dobrávamos o quadro funcional a cada ano. Quando entrei, a empresa contava com menos de mil funcionários. Era o início dos anos 1980 e o mercado de informática e telecomunicações começava a florescer.

A empresa começou a crescer, crescer. Além de equipamentos de telecomunicações, passou a montar computadores, surgindo a Divisão de Informática. No começo, éramos seiscentos empregados. Logo seríamos mais de quatro mil. Foi quando surgiu a necessidade de a organização se reestruturar e se tornar uma corporação de fato. Uma das conseqüências dessa mudança seria a transformação de algumas gerências em diretorias.

A Gerência de Administração, área que eu comandava, tinha o RH sob o seu chapéu. Essa área seria dividida em duas: Diretoria de Sistemas e Diretoria de Recursos Humanos. Como o negócio da empresa eram seus próprios recursos humanos, pareceu-me óbvio que aquela seria uma área fantástica para se trabalhar.

Afinal, estávamos falando de um negócio que precisava de talentos criativos, de gente para criar bens pioneiros e genuínos, gente com capacidade de inovação, de invenção, com capacitação em pesquisa e desenvolvimento de novos produtos. O mercado era fechado, não havia produtos estrangeiros, e a empresa tinha que lançar equipamentos de telecomunicações, impressoras e outros *devices.*

Imaginei que essa situação, essa tamanha perspectiva em relação ao futuro, não era exclusiva da empresa em que eu me encontrava, mas uma perspectiva que valia para toda a economia do país. Ou seja: vislumbrei uma promessa de felicidade em RH.

Minha situação em Sistemas — área na qual vinha atuando havia vários anos, desde estagiário —, era segura e, creio, promissora. Entretanto, já me sentia confortável fora dela desde que assumira a

Gerência de Administração, que tinha, então, o desafio de conduzir a reestruturação corporativa. Desafio que passou para a Diretoria de Recursos Humanos, quando, finalmente, optei por encaminhar minha carreira nessa direção.

Hoje, olhando para trás, acredito que aquele vislumbre estava ligado a um momento importante na minha vida profissional, um vislumbre que me obrigou à primeira reflexão séria sobre os rumos da minha carreira. Foi esse o ponto de inflexão que me levou a mudar de rumo, sair definitivamente da área de Sistemas e migrar para Recursos Humanos.

5
Oportunidades inesgotáveis

Alguns anos depois, já em outra empresa e começando a crítica fase dos 40 anos, faria uma nova e definitiva reflexão sobre minha carreira. Desta vez, no entanto, não era preciso mudar de rumo, visto que o RH já passara a fazer parte da minha vida. Portanto, em vez de mudar de rumo, esmerei-me em planejar meu futuro. "Onde estou e onde vou estar nos próximos 15 ou 20 anos? Que cadeira eu quero? A de presidente? Quanto quero ganhar? E que tipo de crescimento me conduzirá para lá mais solidamente? O crescimento vertical? O crescimento horizontal?"

Crescer horizontalmente era algo ainda pouco discutido dentro das organizações naquela época.

Essa reflexão marcou tanto a minha vida e os rumos da minha carreira que, recentemente, comecei a recomendá-la aos executivos de 40 anos, sobretudo aos executivos de ambientes criativos. Mas, em vez de fazê-la como eu a fiz tantos anos atrás, resolvi instrumentalizá-la, isto é, propor um método para torná-la mais produtiva e eficaz.

Mas essa é outra história e a ela voltaremos na terceira e última parte deste livro.

Voltando às oportunidades de que falava, àquela altura da carreira, mudar de Organização & Sistemas para Recursos Humanos, área ainda muito periférica na maioria das organizações, era um risco que, no entanto, valia a pena correr, dado o fato de que o negócio daquela organização não estava nas máquinas, mas sim nas pessoas, nas pessoas criativas, em engenheiros, em técnicos.

Não hesitei: entre a possibilidade de seguir por uma reta margeada pela segurança e pela estabilidade e a possibilidade de criar algo realmente novo, abracei a segunda opção. E planejei a passagem da maneira mais minuciosa que pude. Entre as variáveis que considerei, olhei para a frente e para fora. Analisei, por exemplo, quantas empresas, exceto aquela em que me encontrava, se encaixavam no perfil que defino como um "ambiente criativo". A idéia de criar, adaptar e implementar modelos e fluxos de Gestão em Recursos Humanos em ambientes criativos passou a me fascinar. E, olhando para o cenário atual e também para o futuro, as oportunidades mostravam-se inesgotáveis.

O momento era de ambigüidade: o negócio de telecomunicações e informática crescia, apesar da recessão que o país começava a experimentar. Mas nem a estagnação econômica era capaz de barrar, naquele momento, a intensidade daquela indústria, cuja prosperidade só poderia ser ameaçada se demonstrássemos incapacidade de atrair, desenvolver e reter os talentos habilitados a gerar novas idéias e a inovar em produtos.

Já na Diretoria de Recursos Humanos, depois de ter passado pela Gerência da Administração, meu desafio passou a ser, então, a criação da estrutura de RH necessária para a empresa enfrentar seu desafio de expansão com base no trabalho criativo em pesquisa e desenvolvimento.

A base dessa estrutura tinha que ser a formatação de um plano de carreira. Um plano que permitisse aos técnicos e aos engenheiros ganharem salários compatíveis com os de executivos (gerentes e diretores). Mais que isso, o plano tinha que servir para que técnicos e engenheiros pudessem ter, se conseguissem crescer na carreira, o mesmo *status* e os mesmos benefícios dos executivos. Isso sem que fosse necessário assumir funções administrativas, quer dizer, poderiam ganhar mais e ter mais *status* sem precisar abandonar suas pranchetas.

Era o início dos anos 1980 e o mercado de informática e telecomunicações estava explodindo. A reserva de mercado fazia com que só as empresas nacionais competissem entre si.

Aquilo que eu vislumbrei — na verdade, aquilo que era óbvio e esperado — começou a acontecer: a empresa começou a contratar muita gente, desde profissionais experientes, bem posicionados no mercado, até jovens em início de carreira. Por isso, não só uma estrutura como uma estratégia de RH eram tão fundamentais quanto urgentes.

6

Precisa-se de um *dream team*

Posto o desafio — traçar a estratégia, definir a tática e criar um modelo —, chegara a hora de convocar um time para enfrentá-lo. Um time que precisava ser, ele próprio, muito criativo, já que, para começar, era necessário entender os códigos e a linguagem daquela comunidade de engenheiros, físicos, matemáticos, projetistas.

Foi justamente nesse ponto de minha carreira executiva que desenvolvi a prática de, antes de qualquer coisa, pensar nas pessoas com as quais você botará o bloco na rua, isto é, pensar na formação de uma equipe com a qual você possa realmente contar. Pensar numa equipe de alta *performance*. E isso deve vir antes de tudo: da estratégia, da tática e dos modelos. Sem um time dos sonhos não se obtém nenhum dos vértices do triângulo — estratégia, tática, modelo — responsável pelas revoluções corporativas.

Montar uma equipe de alta *performance*, uma equipe dos sonhos, é, sem dúvida, um dos maiores e mais decisivos desafios da carreira executiva, não importa o contexto em que a carreira esteja.

Tanto no ambiente criativo quanto fora dele, não se sobrevive sem a dinâmica de um *dream team*.

Mais do que contribuir para pensar conjunta e criativamente a estrutura, a estratégia e o modelo da revolução que se quer fazer, uma boa equipe tem ainda outro papel muito importante — embora pouco explorado. Somar esforços para a conquista dos espaços políticos, sim, pois não se pode imaginar que revoluções corporativas possam ser possíveis sem que haja espaços políticos propícios para que elas sejam feitas. Mas, sobre o papel da equipe na conquista de espaço político nas organizações, teremos mais a dizer à frente.

7

A importância de ser confiável

Voltando à questão da composição do time, a primeira regra para se montar uma equipe de alta *performance* é obter a confiança de seu time. Você pode ter bom papo. Isso ajuda, mas não é suficiente. Você pode oferecer salários e benefícios arrebatadores. Isso é meio caminho andado, mas não é tudo. Você pode ser bom naquilo que faz. Isso é indispensável. Entretanto, se você não obtiver a confiança e, sobretudo, se não demonstrar que sua competência está à altura do time, esqueça, não se vai muito longe.

Como diz um ditado da vida corporativa: talento não trabalha com chefe ruim. Portanto, exercer as funções de chefia com uma liderança genuína e pautada na competência e na confiança mútuas é um dos melhores catalisadores de talentos que conheço.

8

Para entender a natureza criativa

Antes de atraí-los, é preciso saber que tipo de talentos você quer ter na equipe. Devemos sempre nos guiar pela razão, mas, nessa questão de talentos, é preciso dar ouvidos ao instinto, ao faro.

Sobre equipe de alta *performance*, a primeira coisa que devemos ter em mente é que ela, por dedução, só será de fato de alta *performance* se estiver baseada no elemento diversidade.

Para levar este elemento em conta, é preciso contrariar a tendência, comum entre os líderes, de fazer com que as pessoas se construam à sua imagem e semelhança. Ao contrário, é preciso fazer com que as pessoas se construam a partir delas mesmas.

Mais do que em qualquer outro ambiente, no criativo o líder precisa ter a percepção exata das pessoas que vão compor sua equipe. Em primeiro lugar, deve-se buscar pessoas que sejam diferentes dele próprio. E que, principalmente, sejam diferentes entre si. É preciso que os membros se complementem: um deve ser mais conceitual; o outro deve ser mais prático; um terceiro deve ser mais reflexivo.

O mais importante, porém, é um chavão, qual seja, as pessoas tendem a fazer melhor aquilo de que gostam. Mas, quando um chavão se mostra preciso, não devemos nos envergonhar de recorrer a ele: na formação de todas as minhas equipes, procurei sempre atrair e cativar profissionais segundo o que eles realmente gostavam de fazer.

Mas aí só tem um probleminha: é que às vezes nem mesmo o profissional sabe que gosta disso ou daquilo, que prefere isto àquilo. Um gestor antenado sempre saberá abrir os olhos do profissional de modo que ele possa enxergar o próprio talento que ignorava. Ou que ainda não havia tido a oportunidade de demonstrar.

No aspecto comportamental, a multiplicidade também deve ser buscada: os *cerebrais*, os "*só coração e sentimento*", os *fáceis*, os *difíceis*; especialmente os *difíceis*, que não vêm com manual do proprietário e que são complicados para serem decifrados, o que, para um líder, acaba sendo um tremendo exercício de alongamento das suas faculdades de percepção e interação com o outro.

E é bom estar com a percepção à flor da pele, pois em se tratando de formação de equipe de alta *performance*, só a impressão não basta. É preciso ter a percepção do que a pessoa gosta, do que pode render, no que pode se transformar, e se está preparada para errar e para aprender com isso. É preciso ter a perfeita percepção do contexto em que ela pode ser inserida.

Finalmente — e o mais importante —, é necessário a percepção do quanto o profissional sabe se auto-administrar, o quanto ele é autogerenciável. Eis um diferencial que sempre busquei nos profissionais que integraram e integram as minhas equipes: capacidade de autogerenciamento. Entendo esta capacidade como a sabedoria de gerir as próprias funções, propondo e executando projetos adequados à estratégia, aos valores e aos negócios da empresa.

E este é um dos pontos fundamentais na arte de gerir pessoas em ambientes criativos: autogerenciamento pressupõe planejamento, e essa característica não está na natureza do "criativo". Entretanto, se ele, o "criativo", se propuser a fazer um bom planejamento, ele o fará, pois pessoas criativas são naturalmente curiosas, sabem fazer as perguntas certas às pessoas certas, além de serem excelentes generalistas. Isso eu aprendi muito cedo: os chamados criativos, quando não têm uma habilidade inata, são capazes de adquiri-la com mais facilidade do que qualquer outro profissional.

Hoje, é fácil compreender a importância da diversidade na composição da equipe. É fácil aceitar a importância do erro como parte do aprendizado. É fácil deduzir que a capacidade de autogerenciamento faz diferença.

Nos anos 1980, porém, a tendência geral era contratar pessoas que pensassem como nós. O executivo costumava ter tanto medo da diferença que, quando deixava uma empresa para empregar-se em outra, levava consigo não só a secretária como toda a comitiva. Claro que os motivos desse comportamento incluíam até questões éticas, mas, em geral, acreditava-se, no melhor estilo tigrão: "eu e minha turma vamos lá dar um jeito naquela empresa".

É claro também que essa prática — formar equipes sem dar muita bola para a diversidade, reunindo no departamento pessoas à nossa imagem e semelhança — estava atrelada à prática de contratação no mercado de trabalho para cargos predeterminados, o que podia funcionar muito bem para um ambiente *fordista*, jamais em um ambiente criativo, em que nada é predeterminado, em que a novidade é que é o negócio.

9

Uma causa grandiosa

Foi difícil fazer os arranjos para compor a minha primeira equipe, uma equipe que, assim como os engenheiros e cientistas da organização, teria que, ela própria, inventar algo novo. E esse algo novo consistia em ajudar a tirar o RH da periferia para conduzi-lo ao centro decisório da empresa.

Em tese, o desafio dessa equipe em formação era simples: dotar a empresa das melhores práticas de Recursos Humanos. O detalhe é que não havia melhores práticas de RH que pudessem ser adaptadas para o ambiente criativo e já bastante competitivo da então incipiente, porém efervescente, indústria de informática e telecomunicações.

A dificuldade a que me referi acima se devia basicamente a três empecilhos consideráveis.

O primeiro era o fato de haver no mercado uma enorme carência de profissionais talentosos especializados nas várias áreas que compõem o fluxo de gestão de Recursos Humanos.

O segundo era o fato de eu ainda não ter claro e definido na cabeça e no papel onde começava e onde terminava esse fluxo.

Finalmente, o terceiro, era uma contingência: como ainda não havia a estrutura de RH, logo não poderia haver os cargos, os salários e nem sequer as mesas de que minha equipe iria precisar.

Em termos do RH, quase tudo estava por ser construído a partir do zero. Lembro-me, por exemplo, da incrível peripécia para "roubar" de uma multinacional um comprovado talento da área de Recursos Humanos. Formado em administração de empresas, ele era executivo de um fabricante norte-americano de computadores e ficou estarrecido quando lhe disse que, além de não poder pagar um centavo além do salário que ele já ganhava, não tinha na minha estrutura (que não existia, claro) um cargo correspondente e, para completar, o que ele iria descobrir de qualquer forma, não tinha nem mesmo uma mesa para trabalhar.

Disse-lhe que, entretanto, estávamos diante de uma enorme oportunidade e que as chances que ele teria para crescer eram potencialmente incomparáveis às que ele tinha na empresa onde então trabalhava. "O nosso desafio é construir uma corporação, e em pouco tempo você será meu par", falei. "Você está acostumado a trabalhar numa empresa multinacional", prossegui, "mas se reporta à matriz, eles é que detêm a inteligência, geram as políticas, os procedimentos, os processos. Aqui, nós é que vamos fazer isso do zero. Não temos política de RH, não temos procedimentos, não temos treinamento e desenvolvimento, não temos nada. E você vai nos ajudar a fazer isso."

Foi nesse momento que descobri algo que sempre funcionou à perfeição: quando se quer atrair um talento, não adianta ir metendo a mão no bolso; é melhor olhar bem para os olhos dele e dizer-lhe que ele está sendo chamado para ajudar a mudar o mundo.

Sim — e isto é um clichê —, mas o fato é que, sobretudo para pessoas criativas, os desafios são mais, muito mais importantes do que o dinheiro.

O recrutamento daquela minha primeira equipe se deu quase todo por este processo: dimensionar as demandas e só então sair em campo à busca de pessoas de grande potencial e, principalmente, que se identificassem com tais demandas. Feito isso, o esforço era direcionado para seduzi-las e arrebatá-las. Não era, creio, um método muito diferente do técnico que tem um campeonato para ganhar e precisa recrutar os jogadores. A primeira coisa que ele precisa fazer é convencer os craques, que pretende amealhar, de que o torneio vale a pena.

Aliás, creio ter sido ao longo desse primeiro processo de formação de uma equipe de alta *performance* que comecei a compreender que, sobretudo no ambiente criativo, o *coaching* — conceito clássico de administração que tem origem nas práticas esportivas e que significa auxílio técnico — não deveria estar apenas atrelado à busca de resultados.

Ao contrário do que se praticava à época, acreditava que o *coaching* também deveria olhar para a pessoa como um todo, não só seu desenvolvimento profissional, mas também seu desenvolvimento pessoal, suas realizações, seus fracassos.

Hoje, ao recordar essa fase, pergunto-me como foi possível vender a um punhado de profissionais talentosos e muito bem formados a idéia de que, por trás da reestruturação de uma área de RH, estava uma causa grandiosa.

Não posso deixar de acreditar que estávamos plantando ali um grãozinho de areia, uma parca contribuição no sentido de ajudar a modernizar o então arcaico mundo dos negócios no Brasil.

10

Formular novas políticas

Então, naquele momento, mudar o mundo, para nós, significava criar uma estrutura de RH cujo espectro se estendesse do suprimento da mão-de-obra no curto, médio e longo prazos à redução das tensões nas relações de trabalho, passando pela questão da qualidade de vida, um elemento que não era de todo novo, mas ainda muito negligenciado pelas empresas, e que seria importante no conjunto das políticas de retenção de talentos.

Afinal, o RH ideal para aquela empresa demandava exatamente o quê? Demandava um conjunto de coisas que eram fáceis de ser encontradas nas cartilhas de administração, mas difíceis de ser implementadas em um ambiente empresarial que:

- era multifacetado, isto é, composto de várias unidades operacionais que, mesmo juntas na *holding*, ainda não tinham o sentido pleno de corporação;
- exibia uma cultura muito particular, baseada na pesquisa e desenvolvimento de uma tecnologia nacional que já se encontrava em fase avançada de desenvolvimento nos países ricos;

- vivia um momento especial, marcado pela bolha de crescimento, o que fazia com que tudo tivesse que ser feito a pleno vapor, na mesma velocidade alucinante do negócio.

Daquele conjunto de coisas, em primeiro lugar, deveria vir uma Política de Atração de Talentos sem precedentes no setor brasileiro de ciência e tecnologia, uma política que fosse capaz de disputar as melhores cabeças do país com os centros de pesquisas das universidades, com as multinacionais e até com o exterior.

Essa política, como à época notou um *head hunter*, teria que fazer os cientistas, engenheiros, físicos e matemáticos acreditarem que o fato de a empresa focar fortemente a área de pesquisa e desenvolvimento garantiria sua longevidade, mesmo na hipótese de suspensão da reserva de mercado.

Em segundo lugar, para dar sentido aos esforços de atração, era preciso criar um Plano de Desenvolvimento de Carreira que garantisse aos engenheiros e técnicos o acesso aos maiores níveis de remuneração e reconhecimento oferecidos pela empresa.

Em terceiro lugar, precisávamos forjar uma Política de Remuneração capaz de sustentar as necessidades de desenvolvimento da empresa. Aqui, seria preciso começar literalmente do zero. Para se ter uma idéia, à época, as pesquisas salariais focavam apenas os cargos, jamais a maturidade dos profissionais.

Em quarto lugar e para ancorar o Plano de Carreira e a Política de Remuneração, o novo RH da organização tinha que ter em seu fluxo um sistema de Avaliação de Desempenho e Resultados que desse conta, entre outras coisas, de lidar com a subjetividade envolvida na atividade criativa. E que desse conta, sobretudo, de equacionar uma política de remuneração variável, atrelada aos resultados alcançados.

11

Breve *case* da carreira em Y

Nesse ponto, e antes de listar as outras demandas, é preciso dizer que, ao contrário da obstinada luta da organização para desenvolver uma tecnologia brasileira própria, nossa equipe incumbida de reestruturar o RH não apresentava o mesmo nível de obsessão com a originalidade, embora tenha conseguido ser pioneira em vários aspectos.

Isso fica claro no modo como introduzimos na empresa o conceito de carreira paralela. Inédito em empresa brasileira privada, o conceito de *carreira em Y* — outra forma de se denominar *carreira paralela* — fora inventado nos Estados Unidos, onde vinha sendo muito utilizado.

O sistema tem uma base comum tanto para o braço técnico quanto para o braço gerencial, o que garante maior flexibilidade na alocação dos recursos humanos nos dois braços da carreira.

Indicado principalmente para negócios dependentes de atividades criativas, o conceito era, no entanto, uma idéia muito complicada. Tínhamos muitas dúvidas sobre como aplicá-lo. Por exemplo.

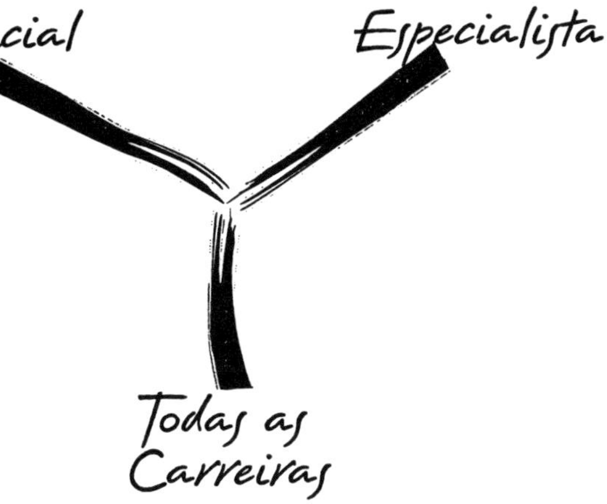

como um gerente veria o fato de um subordinado ganhar mais do que ele? Sim, pois na carreira em Y, como nota o professor Joel Souza Dutra, em seu livro *Administrando carreiras**, os profissionais técnicos nem precisam almejar posições gerenciais como única forma de ascensão profissional. Assim, podem continuar investindo adequadamente em seu desenvolvimento técnico.

Funcionava mais ou menos assim: antes de implementarmos o sistema, um pesquisador, se quisesse ganhar mais e ter mais reconhecimento, teria que almejar, por exemplo, o cargo de Gerente de Departamento de Projetos. Com o sistema em Y, ele poderia se aperfeiçoar tecnicamente e, de pesquisador júnior, chegar a cientista e assim por diante.

"A carreira paralela", explica Dutra em seu formidável livro, "permite à empresa direcionar o estímulo do desenvolvimento e da

* *Administrando carreiras — uma proposta para repensar a gestão de pessoas.* São Paulo: Editora Atlas, 1996.

ascensão profissional no sentido do aperfeiçoamento técnico e do gerencial, em função das vocações e expectativas individuais, eliminando os riscos do rebaixamento dos níveis de atuação, tanto técnicos quanto os gerenciais, e propiciando uma transição mais tranqüila, de técnico para gerente, àqueles que assim o desejarem."

Como não se orgulhar do fato de o professor Dutra ter sido um dos idealizadores da implantação do sistema, pois era um dos integrantes daquela nossa equipe inesquecível?

Faz-se necessário, mais uma vez, dimensionar a questão: como a grande necessidade da empresa era criar tecnologia, às vezes era preciso até convencer as pessoas a não serem gerentes; precisávamos, sim, de técnicos, gente altamente qualificada, que tinha que ser muito bem paga. Isso tornava as promoções mais fáceis, pois o gerente representa um só cargo, enquanto os técnicos eram muitos. Não se forçava muito a situação quando havia alguma resistência.

Mas não abríamos mão do conceito de que os técnicos tinham que ser bem remunerados, em muitos casos até bem mais que os próprios gerentes. Caso contrário, não conseguiríamos implantar a estrutura da maneira como havíamos concebido, nem se montaria uma empresa de Ciência e Tecnologia no Brasil.

Mais à frente voltaremos a falar da carreira paralela, que também se mostraria adequada e pertinente para corrigir uma grave distorção na indústria de mídia, na qual os protagonistas do ambiente criativo são jornalistas, *designers*, radialistas, produtores, roteiristas etc. Uma indústria na qual eu viria a experimentar, anos mais tarde, toda a adrenalina que a carreira executiva pode proporcionar.

Por hora, vale registrar que, na implantação do sistema de carreira paralela, tivemos muito apoio, principalmente do pessoal das áreas criativas, isto é, da área técnica, gente que já tinha trabalhado no exterior.

Foi, repito, a primeira experiência aplicada em empresa privada no Brasil. Projeto semelhante foi realizado no Instituto de Pesquisas Tecnológicas da Universidade de São Paulo, anos antes, mas não com a mesma abrangência. Mesmo entre as multinacionais que atuavam no país, a carreira em Y era uma novidade, pois seus processos tecnológicos eram desenvolvidos em seus países de origem.

Essa novidade chamou tanto a atenção do mercado, que a *Exame*, publicação de negócio de maior prestígio na América Latina, dedicou uma capa ao assunto. Isso proporcionou uma publicidade fantástica para a empresa. E isso vindo da área de RH, que se deixou contaminar totalmente pelo espírito inquieto, inovador e ousado da área criativa.

É importante ressaltar que tudo isso não nasceu ao acaso. Fazia parte de uma estratégia, um conjunto de ações articuladas, homogêneas, com toda a equipe centrada nesse objetivo.

Mesmo a repercussão provocada pela matéria da *Exame* passou a funcionar como uma força de pressão de fora para dentro. E a área de RH, que era apenas um departamento dentro da empresa, passou a ter o *status* de diretoria.

Dentre outros desdobramentos desse projeto, destaque-se que a equipe foi aumentando sua coesão, seu direcionamento, todos se sentiam arquitetos da idéia de um RH inovador e posto no centro nervoso da organização. Por essa razão, todos se comprometiam com a realização dos resultados.

Com a implantação da carreira em Y, o RH dava, finalmente, uma resposta à principal cobrança da área técnica. Esta cobrança consistia na urgência de se criarem condições para que os mais de mil técnicos e engenheiros pudessem assegurar posições e salários proporcionais à sua importância estratégica para o negócio.

12

Novos conceitos, novas estruturas

Mas o fluxo de gestão do novo RH demandava ainda diversas outras coisas. Havia, por exemplo, a necessidade premente de uma Área de Comunicação. Esta área tinha que representar um canal verdadeiro e transparente entre empresa e funcionários, de modo a deixar claro a todos quais eram os objetivos da empresa e o que era esperado de cada um e o que cada um poderia esperar da organização.

Fisicamente, a empresa estava instalada próxima do ABC paulista, o centro nervoso do movimento sindical, que, à época, se encontrava em sua fase mais radical. Por isso, para manter um clima positivo nas relações empresa-empregado, fazia-se imperativo uma área de Relações Sindicais, cuja principal atribuição fosse o desenvolvimento de uma política com base nas portas abertas e na negociação.

Também para sustentar o *Plano de Carreira*, o RH que estávamos construindo exigia extraordinárias ações de *Treinamento*. Essas ações deveriam levar em conta diversos fatores, entre eles o fato de que os gênios, isto é, os cientistas e os engenheiros do quadro atual, precisariam, um dia, ser substituídos por uma nova geração.

Ou seja: precisávamos pensar no suprimento de mão-de-obra de longo prazo. Por isso, como poucas vezes se havia visto numa empresa nacional, concentramos esforços no programa de estágio. E a idéia aqui era simples: atrair jovens das melhores universidades e treiná-los já dentro da cultura da própria empresa. Outra linha mestra dessas ações era incentivar o que hoje entendemos como aprendizado contínuo.

As pessoas da equipe que respondiam pela área de Treinamento dedicavam-se, entre outras coisas, a estimular os engenheiros, os doutores e os diversos mestres que pertenciam aos quadros da organização a voltar para a universidade, a defender teses, a dar aulas, mesmo em horário de trabalho.

A partir dessa experiência, a crença de que ensinar é um dos melhores meios não só para aprender como para oxigenar nossas idéias entrou definitivamente para o meu manual de melhores práticas de RH.

Em Treinamento, outra ação vanguardista da equipe, como notou uma grande publicação de negócios da época, foi buscar para os cientistas convênios, estágios e cursos no Brasil e no exterior, em conjunto com outras empresas do ramo, inclusive concorrentes. Quando fazia esses cursos, o cientista era convocado a repartir o que aprendera com os engenheiros e técnicos das empresas participantes do convênio. Isso produzia no ambiente uma atmosfera muito propícia ao que hoje chamamos de *compartilhar conhecimento.*

Voltadas ao incentivo do talento, as ações de Treinamento visavam, em última instância, ao desenvolvimento de uma linguagem comum entre uma população composta de engenheiros, técnicos, executivos, operacionais e administrativos oriundos das mais diversas influências.

Finalmente, os Recursos Humanos daquela organização demandavam um projeto de Qualidade de Vida, que levasse em conta tanto a vida no trabalho quanto fora dele. Aqui, o desafio era enorme, pois tudo o que havia era um passivo e insosso departamento de Medicina do Trabalho.

Com a contratação de um médico que, numa outra empresa, havia transformado a Medicina do Trabalho em algo que ia muito além da manutenção de um inexpressivo ambulatório nos porões da fábrica, trouxemos para a organização um conceito de bem-estar físico e mental bastante avançado para a época. Este conceito envolvia desde palestra sobre estresse até uma forte campanha contra os perigos do HIV e os preconceitos que cercavam a incipiente epidemia da Aids, doença até então desconhecida.

A área ganhou tamanha importância na estrutura de RH e tamanha visibilidade dentro da empresa, que, em pouco tempo, percebi que o profissional que a geria poderia ser, como acabou ocorrendo, o meu sucessor na Diretoria de RH. Mas sobre sucessão em ambientes criativos falaremos um pouco mais adiante.

Sumarizar, tantos anos depois, todo esse conjunto de funções e ações que compuseram o fluxo daquela gestão de RH parece simples. À época, entretanto, construir essa visão de conjunto, agregar os componentes, buscar os conceitos e práticas e adaptá-los à cultura daquela organização específica foi tão complexo quanto desafiador.

13

Unidos, na glória e no fracasso

A construção de um fluxo de Gestão de Recursos Humanos compatível com as necessidades estratégicas da corporação só foi possível graças à calorosa e rica troca de idéias e experiências entre todos aqueles que faziam parte da então recém-montada estrutura de RH e, também, entre estes e os executivos das demais áreas da empresa. A sinergia acontecia nas ações práticas do dia-a-dia mas, principalmente, nas reuniões periódicas de planejamento estratégico e operacional da área. Esse tipo de reunião, aliás, é uma prática que sempre me acompanhou desde que assumi meu primeiro cargo executivo. Conversar com base em um roteiro, traçar cenários, avaliar o que se fez e o que precisa ser feito. Sem isso, uma equipe de alta *performance* não sobrevive.

Comum nas grandes organizações, os encontros anuais de planejamento estratégico não costumavam contar com representantes da área de RH. Por isso, levar o RH para esse plenário para que lá pudesse colocar as pessoas como protagonistas do jogo corporativo sempre foi meu primeiro movimento como gestor de Recursos Humanos de ambientes criativos.

Tão importante quanto as reuniões estratégicas são as reuniões que fazem parte do plano de comunicação da presidência, outra prática que sempre procurei incentivar nas organizações pelas quais passei.

Ambos os tipos de reuniões são tão importantes e simbólicas no contexto cultural da companhia, que negligenciá-las pode provocar estragos irreparáveis. No caso, quase nos custou o fracasso na consolidação daquele tão idealizado RH que nascia no seio do vertiginoso processo de criação de uma empresa produtora de tecnologia genuinamente brasileira.

Lembro-me de uma reunião de planejamento estratégico entre a cúpula da *holding* e os líderes das diversas unidades operacionais do grupo — os líderes, quase todos reconhecidos internacionalmente.

Nosso papel na reunião era apresentar o fluxo de gestão de RH, seus objetivos, e discutir com os líderes de que modo este fluxo deveria ser usado pela liderança para que os *gaps* em gestão de pessoas nas unidades fossem sanados. Mais que isso, nosso papel era provocar e coordenar uma ação catártica entre as lideranças de modo que elas pudessem alavancar o processo de busca de uma linguagem corporativa comum.

A coordenação da reunião era nossa responsabilidade, mais especificamente de um dos principais gerentes da equipe de RH. A ele fora dada carta branca para contratar um consultor que conduzisse as discussões para em seguida sintetizar as ações estratégicas recomendadas.

"Contratei um consultor do maior gabarito para tocar a reunião", disse-me o meu gerente incumbido da missão. "Além de muito recomendado, pareceu-me consistente", afirmou-me ele.

Tranqüilos, eu, meu gerente e o tal consultor adentramos a imensa e, para os padrões da época, moderníssima sala de reuniões da presidência.

Tudo pronto, o consultor começou.

Mal.

Um pouco pior.

Muito mal.

Ele simplesmente não sabia a quem estava se dirigindo. Parecia estar falando com líderes de uma fábrica de fundo de quintal. Na verdade, ele nem sabia que aquelas pessoas eram líderes das operações que pretendiam mudar os destinos da indústria de tecnologia de ponta do país.

A imagem do nosso aguerrido RH degenerava-se a cada minuto diante do primeiro escalão.

Parodiando uma das Leis de Murphy, quando as coisas vão mal, elas podem, de repente, piorar um pouco mais. Para evitar a catástrofe completa, suspendemos o encontro. Olhei para o meu gerente — aquele mesmo que eu "roubara" do RH de uma das grandes multinacionais do setor de informática — e o seu queixo parecia pesar uma tonelada.

Ele falhara na investigação da qualidade da obra teórica e da ação prática do consultor. "Pior, eu deixei de brifá-lo corretamente sobre os participantes da reunião", diria ele mais tarde a mim e a outro executivo da nossa equipe.

"Deu tudo errado", disse ele. "Estamos fritos", insistiu. Em seguida, ficou aguardando o meu dedo acusador.

Não havia do que acusá-lo. O erro grosseiro não poderia apagar todo o seu formidável *background* profissional. Fomos beber. E começamos a lamentar. Era preciso, juntos, exorcizar aquele fracasso. De repente, do meio dos cacos, surgiu uma incontida vontade de acertar. Era preciso, urgentemente, garantir o direito de revanche e, em seguida, planejar uma estratégia para, desta vez, ganhar.

No dia seguinte, começamos a planejar a próxima reunião e procuramos as lideranças. O mesmo gerente recebeu outra carta branca para contratar um novo consultor.

— Desta vez, escarafunchei o trabalho, os métodos, a qualidade de voz, a capacidade de articulação, enfim, escarafunchei a vida do cara de cabo a rabo — contou-me ele.

— Escarafunchou mesmo? — perguntei.

— Você só vai perguntar isso? — disse-me ele. — Já marquei de trazer o cara aqui para você conhecer — acrescentou.

Ele vinha de uma falha grave, é verdade. E, se falhássemos outra vez, iríamos ambos para o olho da rua. Mas disse-lhe que não precisava conhecer o cara. Que confiava nele.

Fiz-lhe um sinal de positivo e, dias depois, eu, ele e o novo consultor adentramos novamente a imensa e moderníssima sala de reuniões da presidência. Dessa vez, saímos de lá aplaudidos. E a organização saiu com um novo *slogan* para embalar sua política de formação e retenção de talentos criativos: "Oferecemos empregos inteligentes." Imagino que esse *slogan* ainda possa funcionar para qualquer empresa atual cujo desafio seja não vender, mas conceber, produzir e vender bens, idéias e serviços com qualidade.

Já em outra reunião, desta vez um encontro que fazia parte da estratégia de comunicação da presidência, deixamos de considerar um aspecto fundamental na arte de gerir talentos criativos.

Pessoas criativas são vaidosas, não no sentido vulgar da expressão, mas no anseio de ter os seus feitos e as suas idéias prontamente reconhecidos.

A questão da autoria, da honestidade intelectual, da assinatura é sagrada em qualquer ambiente, mas no ambiente criativo esses itens ganham um peso inimaginável. Por isso, jamais podem ser negligenciados.

Foi exatamente o que fizemos ao convocar a tal reunião. Simplesmente deixamos de convidar os técnicos e os engenheiros, isto é, os criativos, para discutir várias coisas relacionadas às atividades deles.

O presidente iria apresentar a situação da empresa. Convidamos todos os gerentes e deixamos todos os técnicos de fora. Pensamos que era uma reunião de puro *management*. Mas era um encontro para falar dos caminhos da empresa. E, se o cerne dela eram os técnicos, deixá-los de fora foi como fazer um *vernissage* sem convidar o autor das pinturas.

14

Aprendendo a ouvir ou a gênese do erro

Diz-se que é com os erros que se aprende. E isso é verdade. Entretanto, pergunto-me sempre qual é a gênese dos erros que cometemos no dia-a-dia da nossa vida executiva. Creio que, nas corporações, a principal origem de erros está no fato de que falamos mais do que ouvimos.

Foque no ditado-clichê: se Deus nos deu dois ouvidos e apenas uma boca, é porque queria que ouvíssemos mais do que falássemos.

O problema, suponho, não é o quanto ouvimos ou deixamos de ouvir, mas quem ouvimos ou deixamos de ouvir.

Ao relatar os erros narrados acima, lembrei-me de um episódio que marcou profundamente minha carreira, e que se deu bem no comecinho dos anos 1970. Eu acabara de assumir o cargo de analista sênior de sistemas em um grupo industrial fabricante de equipamentos para indústria de autopeças, usinas de açúcar, álcool, hidrelétricas. Era uma empresa de mais ou menos 1.300 funcionários.

Um belo dia, o presidente da companhia me chamou e disse:

— Quero que você assuma a coordenação da mudança da fábrica atual para o nosso novo parque industrial.

Aquelas palavras foram como uma boa dose de adrenalina.

— Quero que a mudança ocorra sem nenhuma paralisação —, prosseguiu ele. — Ou seja, vai mudando e já vai funcionando nas novas instalações. — E arrematou: — A idéia é mudar sem interromper a produção.

— Deixe comigo — respondi, sem me dar conta, àquela época, do voluntarismo de amador que se esconde por trás deste "deixe comigo", quando ele sai da boca de um executivo.

Mas àquela hora, o que importava é que eu estava com um baita desafio. A fábrica nova tinha mais de 60 mil metros quadrados. Enfim lá estava eu com um projetaço esperando execução.

Usando todo o conhecimento adquirido nos dedicados anos na escola de administração e mais a experiência dos anos de estágio e experiência profissional anterior, fiz cronograma, fluxograma, *Pert-CPM*, caminho crítico, planilhas de tempos, de custos etc. etc. Fiz, enfim, o que poderia ser chamado de "um belo trabalho".

Mostrei o projeto para o presidente. Ele fez alguns reparos, mas aprovou. O próximo passo era comunicar as providências ao diretor industrial, um alemão de poucas palavras e muita experiência.

Quando ele começou a folhear meu plano, parou na página do cronograma, lançou-me um olhar de descrédito e disse:

— Você entrou nessa do presidente, quero dizer, nessa coisa de mudar a fábrica sem parar a produção!

Antes que eu pudesse dizer qualquer coisa, ele emendou:

— Então vá lá dizer para ele que a fábrica vai parar sim.

Calmamente, ele prosseguiu:

— Vai parar por no mínimo dez dias, e quem vai nos dizer como é que vai ser a mudança não é esse seu belo trabalho, mas o motorista do caminhão da transportadora.

Para concluir, ele sentenciou:

— É o motorista que vai falar o que sai primeiro e a seqüência do que sai em seguida, à medida que ele conseguir se movimentar aqui dentro.

Óbvio. Ao realizar o meu belo projeto, faltou ouvir a pessoa certa, isto é, o pessoal da transportadora. E isso eu teria feito se tivesse começado o plano com uma boa conversa com o diretor industrial. E nem precisava ser uma reunião. Bastava uma conversa informal, que, como veremos mais adiante, é uma boa prática na gestão de pessoas em ambientes criativos, em que a ausência de cerimoniais corporativos rígidos costuma fazer parte do desenvolvimento cultural da organização.

Mas essa é outra história.

15

Em dia com a incipiente globalização

Ao final da década de 1980, o sonho brasileiro de desenvolver tecnologia própria na área de informática não se sustentava mais. E esta não era uma questão de falta de criatividade ou competência dos nossos recursos humanos. Seria necessário dar passos econômico-conjunturais que outros países já haviam dado desde o alicerce de seu desenvolvimento.

Não se pode inventar do quase nada toda a cadeia de valor que propicia o florescimento e o desenvolvimento desta ou daquela nova tecnologia.

A lei de reserva de mercado para o setor de informática só chegaria oficialmente ao fim em 1992, mas o conceito de empresa nacional já vinha se alterando havia alguns anos.

A participação de capital estrangeiro e a conseqüente abertura do mercado tornaram-se imperativos, assim como imperativa foi a chegada definitiva da democracia por meio daquele inesquecível processo resultante das Diretas-Já! Então, a empresa onde iniciara meus primeiros e enriquecedores passos na área de Recursos Humanos começou a ser fatiada: suas operações passaram a ser adquiridas por grupos multinacionais. Em seu auge, segunda metade da década de 1980, a empresa, com 4.200 funcionários, chegou a faturar cerca de 400 milhões de dólares.

Depois que suas operações foram absorvidas por grupos estrangeiros, a *holding*, no começo da década de 1990, foi drasticamente enxugada e reposicionada: reduziu seu quadro para 270 funcionários e passou a atuar como empresa de engenharia. Mas se aquela soberba organização se desfez em função das contingências estratégicas da política econômica nacional, seu modelo de gestão em Recursos Humanos — aquele que desenvolvemos e implementamos com tamanho entusiasmo e convicção — mostrou-se pertinente e compatível com aquilo que as próprias multinacionais que estavam chegando ao país faziam.

Ou seja, mostrou-se compatível com os novos padrões de competitividade que já estavam sendo impostos pela globalização.

Em pleno processo de desmembramento, uma das unidades operacionais da *holding* seria incorporada por um grande fabricante de equipamentos de telecomunicações que estava dando início às suas operações no Brasil. Esse grupo, de origem francesa, já mantinha uma operação enorme na Espanha: havia sido pioneiro em integração, operação e manutenção de redes e outros serviços de telecomunicações para telefonia fixa, móvel, acesso banda larga, transmissão óptica, redes inteligentes, servidores de comunicação.

A aquisição da unidade de telefonia da *holding* onde eu era o diretor de RH, em 1989, era apenas uma das investidas desse grupo francês no mercado brasileiro. Com operações em diversos países do mundo, o grupo dispunha de um sofisticado sistema de gestão profissional.

Logo depois de efetivarem a incorporação da operação de telefonia da *holding*, executivos do novo grupo procuraram o então COO

(*Chief Operating Officer*) da unidade para saber mais detalhes sobre seu modelo de gestão de Recursos Humanos.

Segundo me relataria mais tarde, o COO — que era, na verdade, um grande parceiro e uma das lideranças mais envolvidas com aquele sonho de tecnologia própria —, os executivos do grupo multinacional ficaram impressionados com o nosso modelo de gestão de pessoas.

"É um modelo equivalente àquele que utilizamos na matriz e em outros países", disseram os executivos ao superintendente. "O modelo utilizado pela operação de vocês", prosseguiram eles, "pode ser usado como âncora perfeita para promovermos a adaptação da cultura organizacional da matriz às nossas operações no Brasil."

Em suma, eles estavam querendo a consultoria e a ajuda do superintendente para fazer a fusão dos dois modelos e dela extrair uma síntese abrasileirada, que correspondesse às necessidades do projeto brasileiro daquele gigante das telecomunicações.

O COO, no entanto, explicou a eles que a unidade não tinha um modelo próprio de gestão em recursos humanos, mas valia-se do modelo compartilhado por toda a corporação, da qual a unidade fazia parte.

Essa conversa fez com que a presidência do grupo multinacional me convidasse para conduzir o processo de fusão das duas culturas, principalmente no quesito gestão de pessoas. Com a tarefa de estabelecer um padrão para as empresas recém-adquiridas, eu seria o primeiro executivo do grupo contratado corporativamente.

Estávamos falando de 7.400 funcionários, somando os quadros das cinco empresas que o grupo havia adquirido no Brasil. Ao sair da empresa dois anos depois, deixei o quadro com pouco mais de 4.000 funcionários. Não se tratou, portanto, apenas de uma mudança cultural (movimento comum nos processos de fusões e incorporações), mas de criar uma gestão corporativa, criar serviços para atender às várias unidades e racionalizar as estruturas e seus processos.

16
Breve metafísica do trabalho

A oportunidade de participar de mais um grande processo de alinhamento corporativo — a multinacional já contava com cinco divisões de negócios no Brasil — falou alto aos neurônios que costumavam acionar em mim a adrenalina da mudança.

Em primeiro lugar, considerei o fato de me transferir de um ambiente criativo e efervescente para uma organização onde as operações administrativo-industriais e o *marketing* sobressaíam à inquietude criativa, que também existia, mas estava centrada nas operações européias.

É preciso dizer que, além da adrenalina da mudança, me falou à mente e ao coração a questão financeira. O trabalho, creio, normatiza e regula nossa vida mais do que qualquer outra coisa. Sempre acreditei que é em torno do trabalho que organizamos nosso modo de ser e de viver. Ou seja, creio que o trabalho exerce em nós, seres humanos, uma espécie de regulação moral de nossa existência.

Essa breve metafísica do trabalho é só para dizer que, ao longo da minha carreira executiva, sempre busquei uma proporção, um equilíbrio entre três fatores:

- remuneração justa;
- prazer;
- contrapartida igualmente justa àquele que garante o item a.

17

O médico que virou executivo

> "O que chamava a atenção era a alegria com que todos trabalhavam. Existia uma cordialidade espontânea, uma coisa forte. Para mim, foi um choque cultural muito grande, pois eu vinha de uma empresa americana, onde o livro preto regia tudo, muito cheio de regras."
>
> Vicente Paschoal Pinto Moraes (médico)

Outra crença que àquela altura da carreira já estava bastante consolidada em mim era a questão da sucessão. Um dos pontos críticos do modelo que implementamos, dentro do item Desenvolvimento de Carreiras, eram justamente os planos de sucessão.

Mas naquela ocasião não houve tempo nem condições apropriadas para disseminarmos na organização uma verdadeira *cultura da sucessão*, como gosto de dizer. Entretanto, ao menos entre os engenheiros seniores, ficou devidamente incutida a idéia de que a movimentação na carreira exigia, entre outras coisas, a tarefa obrigatória de preparar seu sucessor. E essa era uma das lições de casa que eu próprio vinha fazendo desde que optara pela diretoria de Recursos Humanos.

Embora esse seja um dos temas a serem desenvolvidos na parte em que trataremos especificamente do planejamento de carreira, vale adiantar a história do médico que virou executivo.

Conforme expliquei algumas páginas atrás, a qualidade de vida foi um dos pontos importantes entre os vários aspectos que compunham o programa de Retenção de Talentos daquele nosso modelo de gestão.

Também conforme já relatei, para zelar por essa questão, contratamos um médico cujas habilidades iam muito além da competência técnica. Ele tinha uma insuspeitada visão generalista e foi capaz de desenvolver e gerir outros projetos complexos. Montou uma equipe de médicos e de outros profissionais de saúde fora do comum. Com isso, demonstrou tremenda habilidade na gestão de pessoas. Era um realizador extraordinário e, em pouco tempo, julguei-o apto a assumir uma área mais abrangente: a de desenvolvimento de projetos. Era uma gerência e ele a acumulou com a Gerência de Medicina.

Lembro que ele ia trabalhar de roupas brancas, as quais foram paulatinamente sendo substituídas pelo terno e a gravata, à medida que suas funções executivas iam aumentando. Embora já houvesse na área um outro médico que assumiria funções executivas, este parecia no momento mais à vontade no ambiente administrativo.

Estimulei-o a estudar, a fazer cursos de administração com foco em Recursos Humanos. Ele o fez com dedicação. Por sua conta, aprofundou-se também em relações sindicais. Suas habilidades político-corporativas eram cada vez maiores.

Em determinada ocasião em que ele preparava um complexo projeto de revisão do Plano de Saúde da companhia, um item caro a toda a população da empresa, disse-lhe que, em vez de eu apresentar o trabalho ao *board*, ele mesmo o faria.

Envolver os autores das idéias e dos projetos em todas as suas etapas de discussão e de aprovação nas instâncias superiores da hierarquia corporativa é uma prática da qual nunca abri mão.

Trata-se, sem dúvida, de uma arma poderosa na gestão de pessoas em ambientes criativos, principalmente nos dias de hoje, em que uma simples apresentação em Power Point pode — e deve — transformar-se num show memorável.

Aqui as precauções são duas: em primeiro lugar, é preciso estar seguro de que a pessoa que está sendo exposta está preparada para o desafio; em segundo lugar, é preciso cuidar para que o "show memorável" seja apenas um complemento da correção, da consistência e da relevância da apresentação.

O fato é que o médico realizou uma apresentação soberba diante de nosso superior, um executivo perfeccionista e exigente que, pela primeira vez, aprovou um projeto sem uma única alteração.

Depois desse dia, o médico substituiu definitivamente as roupas brancas pelo terno e gravata e ganhou ainda mais espaço na equipe e, claro, em toda a organização. Era uma reorientação de carreira espetacular.

Nessa época, duas posições executivas importantes estavam vagas na organização. Uma era a minha própria. A outra era a recém-criada diretoria de Qualidade Total, também um projeto coordenado a partir da nossa estrutura de Recursos Humanos.

Para a primeira, isto é, para me suceder, eu vinha preparando tanto o médico quanto aquele executivo que eu "roubara" de uma multinacional. Em se tratando de planejar sucessão, trabalhar com *backups* é uma tática elementar.

Desde o princípio, meu faro dizia que o médico, um velho conhecido, era muito mais do que um simples clínico geral. Suas habilidades de grande gestor e sua propensão para liderar só não eram percebidas por ele mesmo, que, paralelamente, repito, tinha um amor genuíno pela medicina. Era, portanto, um renascentista nato.

Antes mesmo de ser convidado para assumir o posto de diretor corporativo de Organização e Recursos Humanos na empresa de telecomunicações que estava se instalando no Brasil, o posto de comando na diretoria de Qualidade Total já era almejado pelo meu então gerente de treinamento, sem contar o fato de que ele estava absolutamente preparado para assumi-lo, o que fez um ano antes de eu decidir pelo meu desligamento da companhia.

Com isso, cumprira com ele a promessa de crescimento na organização feita quando o "roubara" da multinacional.

O médico, que chegara para coordenar a então área de Medicina de Trabalho, agora era um executivo legítimo.

A diretoria de Recursos Humanos, que eu deixava para enfrentar os desafios de uma outra cultura organizacional, não poderia ter uma nova liderança tão apropriada para o momento.

A despeito de qualquer ironia, suas habilidades médicas ajudariam a cicatrizar da maneira menos traumática possível as feridas provocadas na organização com o vendaval que veio em seguida: o fim da reserva de mercado no setor de informática.

À época, o fato de um médico assumir o RH num período de doença corporativa foi uma tremenda coincidência, uma dessas tramas do destino. Dessa coincidência, porém, pode-se projetar uma lição: ao se preparar o sucessor, uma das variáveis a serem levadas em conta deve ser, obrigatoriamente, o cenário e o contexto do cargo nos próximos anos.

18

Antropófagos da administração

Já em minhas novas funções no grupo multinacional de telecomunicações e agora residindo no Rio de Janeiro, onde se encontrava instalada a sede das operações brasileiras da companhia, pude observar que a relevância da área de Recursos Humanos na estrutura já era um fator instalado na cultura da organização.

Governada por um sistema de gestão profissional explicitado em um meticuloso manual, o RH da empresa encontrava-se fortemente inserido no contexto da mão-de-obra especializada, focada e autogerenciável. A estrutura, por sua vez, era funcional e já operava sob conceito de unidade de negócios.

Entre os pontos fortes do sistema, destacavam-se a ênfase no planejamento estratégico de longo prazo e a formulação de estratégias e táticas tanto por atividades quanto pelo enfoque corporativo. Já o fluxo dos recursos humanos começava num sofisticado e minucioso processo de seleção e acabava na entrevista anual de revisão de resultados, não sem antes passar pelo estabelecimento de objetivos pessoais, pelo treinamento e desenvolvimento contínuos, pelo *job rota-*

tion, além de outros elementos, como remuneração variável e análise de potencial.

No que competia a recursos humanos, o sistema era tão completo que acabava sendo inadequado e superestimado, em alguns aspectos, para a realidade brasileira. Minha missão, portanto, era simplificar o vasto fluxo de RH utilizado pela matriz, tornando-o mais flexível. Afinal, tratava-se de um modelo pensado e desenvolvido segundo os padrões europeus.

Na verdade, o modelo de gestão profissional em questão foi todo ele forjado pelo presidente da operação que o grupo francês tinha na Espanha. Um dos grandes líderes da então revolucionária economia dos cabos e das fibras ópticas, o presidente da unidade espanhola coordenou muito de perto a formulação e a redação do manual de gestão da empresa.

Ao ver de perto o pragmatismo esclarecido e a envolvente atuação desse presidente, consolidei a crença de que um bom CEO (*Chief Executive Officer*) mais um RH universalista formam uma dobradinha que funciona como um dínamo para a rentabilidade de um negócio.

O manual e seu conteúdo de grande aplicabilidade prática acabariam sendo adotados como a Bíblia de Gestão oficial do grupo no mundo inteiro, inclusive na matriz. Mais que isso, passou a ser também uma fonte na qual bebiam boa parte dos executivos de ponta e estudantes de administração dos quatro cantos do mundo.

Ao me contratar, o grupo esperava que eu coordenasse duas ações básicas:

- extrair uma síntese desse sistema de gestão adequada e justa às da filial brasileira;
- padronizar as diferentes culturas de cada uma das empresas brasileiras recém-adquiridas pelo grupo, adequando-as à cultura da matriz, o que, claro, incluía enxugamento de estruturas.

No plano geral, entretanto, os processos e o modelo de gestão de RH desta nova empresa não diferiam muito significativamente daqueles que havíamos implantado na indústria de telecomunicações e informática.

Nem poderiam, pois o nosso sistema em nenhum momento pretendeu reinventar a roda: com exceção do desenvolvimento, fizemos tudo a partir de uma base teórica já existente, de *benchmarks* e do conhecimento que tínhamos das melhores práticas internacionais, expressões desconhecidas na época. O modelo de carreira em Y, por exemplo, foi e continua sendo um bom exemplo de adaptação e aclimatação de uma idéia administrativa norte-americana à nossa realidade corporativa. Daí o fato de esse modelo ser tão compatível com uma empresa já mergulhada no incipiente e já competitivo mundo globalizado. Afinal — e felizmente —, não havia reserva de mercado para modelos e técnicas de administração modernas. Nesse aspecto, nossa velha e aguerrida equipe que pensou e desenvolveu a reestruturação do RH daquela empresa de informática foi bem mais dialética — ou seria melhor dizer antropofágica, no sentido dado por nossos modernistas — do que os próprios estrategistas do negócio. Eles sonhavam com uma tecnologia de informática cem por cento nacional. Nós não nos furtamos a propor um modelo de gestão de RH globalizado para perseguir esse sonho.

Depois de passar um período nos escritórios e nas instalações espanholas da companhia, que já tinha uma tradição quase secular no desenvolvimento de tecnologia própria nas suas diversas áreas de atuação, pude comparar de perto o modelo que agora eu teria que simplificar com o modelo que havíamos desenvolvido para a nossa empresa de informática.

Deu para concluir que o problema estava mesmo naquele sonho exageradamente nacionalista. Por mais moderna e avançada que fosse, nenhuma gestão de Recursos Humanos poderia corrigir esse equívoco fundador.

Foi possível concluir ainda que aquele sistema de gestão profissional da multinacional, em especial o seu fluxo de Recursos Humanos, apresentava todos os elementos necessários para o alinhamento da gestão de pessoas às estratégias dos negócios de uma organização competitiva.

Não me esqueceria da exuberância desses elementos na minha próxima e última posição executiva numa grande corporação. Principalmente, não me esqueceria daquilo que mais me fascinou naquele sistema: a obsessão daquela organização pelo planejamento estratégico de longo prazo.

19

Um RH para o Quarto Poder

Ainda em processo de formação da equipe e de uma estrutura de RH que fosse capaz de promover a fusão das culturas da multinacional e de suas novas operações brasileiras, fui surpreendido por uma proposta de trabalho fascinante.

A nova missão era tão instigante quanto desafiadora: alinhar os movimentos da área de Recursos Humanos aos objetivos estratégicos de um dos maiores conglomerados de comunicação da América Latina.

Fundada sob a égide da mídia impressa, a empresa estava começando a atuar de forma integrada em várias mídias, o que incluía televisão aberta segmentada, TV por assinatura e Internet. Tratava-se de um dos mais glamorosos ambientes criativos do país. Como se costumava dizer, era a maior concentração de talentos por metro quadrado de que se tinha notícia no Brasil. E disso eu já ouvira falar.

O que eu não sabia é que também se tratava da maior concentração de egos difíceis com que já havia me deparado.

Depois de atuar, no início da carreira, em um banco e em uma empresa metalúrgica, depois de obter certa maturidade profissional ao longo dos 14 anos vividos na indústria de Tecnologia e Computação e depois da marcante experiência de dois anos no setor multinacional de telecomunicações, chegara a hora de aprender um pouco sobre aquele desassossegado e divertido, diziam-me, mundo da comunicação.

Estamos falando de um setor que, àquela altura, lutava bravamente para driblar as dificuldades impostas pela recessão e pelo famigerado Plano Collor. Sim, estávamos no início dos anos 1990 e, novamente, assim como no início da década anterior, a situação era repleta de ambigüidades. Na política, a democracia mostrava-se em pleno vigor; a corrupção também. Na economia, o mercado se abria cada vez mais; só que o acesso ao emprego formal passava a ser cada vez mais fechado. No mundo dos negócios, em especial no setor de comunicação, presenciávamos debates tão empolgantes quanto complexos:

- produtividade *versus* emprego;
- redução de custos *versus* rentabilidade;
- *core business versus* diversificação e expansão;
- remuneração fixa *versus* remuneração variável;
- hierarquia obscurantista *versus* meritocracia horizontalizada;
- massificação *versus* segmentação;
- papel *versus* meios eletrônicos e digitais;
- mão-de-obra formal *versus* posições informais.

A área de Recursos Humanos, por sua vez, começava a ser afetada por duas grandes novidades conceituais da administração: a reengenharia e a *learning organization* (empresas que aprendem).

Esses dois conceitos, como veremos adiante, inspirariam grande parte das transformações corporativas que estavam por vir; principalmente, inspirariam boa parte das ações de Recursos Humanos adotadas para dar suporte a essas transformações.

Transformações às quais eu havia me habituado ao longo dos meus 15 anos de carreira executiva. Mas desta vez era diferente. Não posso negar que, à adrenalina da mudança, se somava agora um certo *frisson* causado pelo *glamour* da indústria da informação, embora nunca tenha me escapado o fato de que, antes de ser um representante do chamado Quarto Poder, aquela era uma empresa, com todos os atributos que uma empresa tinha — ou deveria ter.

20

Negócio familiar, sim, mas antenado!

As empresas de mídia são em geral conhecidas por seus donos, cujas personalidades influenciam fortemente o negócio.

Como se sabe, a primeira coisa que o mercado costuma fazer com este tipo de empresa em um cenário hipercompetitivo e de grande evolução tecnológica é pressioná-la a fazer a transição da gestão familiar para a gestão profissional.

A empresa na qual agora eu me encontrava era justamente uma dessas organizações familiares que havia crescido para além do ponto que uma estrutura familiar poderia dar conta. Mas, diferentemente da maioria das empresas nessa situação, essa havia contado com uma liderança *sui generis*, um patriarca que, antecipando-se sempre aos possíveis movimentos desagregadores e predatórios próprios de todo clã, vacinava e protegia o negócio com fortes princípios éticos e com sua sempre acurada visão empreendedora. Tanto é que, num movimento de grande visão, o líder familiar que o sucedeu — e que levou a empresa a um outro patamar — também soube antecipar-se às inevitabilidades dos novos tempos e começou a profissionalizar a gestão do negócio na hora certa, no tempo certo. Como se vê, um negócio familiar, sim, mas antenado como pouquíssimos outros.

21

Criativos *versus* braçais

Havia essencialmente duas empresas, dois mundos dentro de uma.

De um lado, os profissionais da área comercial, da publicidade, da circulação, da administração, do financeiro e de operações; esse era um tipo de gente. Do outro, havia o editorial, os produtores de conteúdo jornalístico, educacional e de entretenimento, os criativos. E esse era visto como um tipo muito, muito diferente.

E de fato era.

Afinal, foi graças à produção intelectual desse segundo grupo que aquele negócio, fundado no início da década de 1950, se transformara em pouco tempo em um império que, no início da década de 1990, faturava meio bilhão de dólares.

Um império sustentado pelo sólido alicerce da integridade e da ética, o que, num país tristemente atingido pela corrupção e pelos aspectos negativos do tal jeitinho brasileiro, era, para o negócio de mídia, uma vantagem competitiva inigualável. O fato é que a conversa entre aqueles dois mundos era absolutamente rara.

Estávamos falando, afinal de contas, da Igreja e do Estado e, diz a cartilha do bom jornalismo, essas duas instâncias não devem mesmo se misturar.

A proposta da Igreja e do Estado era manter o editorial totalmente livre e independente do comercial. E aí a tese é tão complexa quanto parece ser simples, mas discuti-la não é o nosso propósito aqui. Entretanto, do ponto de vista da concepção de RH que começávamos a formular, o fato de que os assuntos da Igreja não deveriam mesmo se misturar com os assuntos do Estado não deveria implicar, necessariamente, a manutenção de um muro entre eles. Não deveria implicar também a falsa e desavisada crença de que a ética e a integridade fossem atributos exclusivos da Igreja, como se o simples contato com a população do Estado pudesse macular e/ou contaminar a fé eclesiástica.

Assim, sob a perspectiva dos recursos humanos, um mundo duplamente dividido entre criativos e braçais, éticos e "suspeitos *a priori*", era o pior dos mundos.

Por trás desse cenário dicotômico, havia, no entanto, uma preocupação que fazia todo o sentido e que se manifestava no seguinte lema: nosso maior patrimônio, a credibilidade, foi construído ao longo de décadas, mas pode ser soterrado em um instante.

Quando se está falando da maior tradição de credibilidade e integridade editorial do país, é preciso mesmo fixar esse lema na parede. Fundamentado nesse esplendoroso alicerce ético e sensibilizada pelas novas regras do jogo impostas pela conjuntura empresarial que se apresentava naquele começo de década, a empresa estava determinada a crescer. Mais que isso, estava determinada a aumentar o seu raio de ação, com a pretensão de ser, além da maior editora de revistas, também um enorme grupo multimídia.

Para chegar lá, acreditava que iria precisar, em primeiro lugar, não só manter e motivar sua população criativa, mas dobrá-la ou até mesmo triplicá-la. E isso, para uma empresa que já detinha a tradição de atrair para si as melhores cabeças, não seria nenhum problema. Não seria mesmo, não fosse a violenta guerra por talentos que começava a tomar lugar no mundo corporativo brasileiro. Não seria mesmo, tivesse a empresa um fluxo completo de gestão de talentos capaz de identificar, atrair, desenvolver e reter as melhores cabeças não só na carreira editorial, mas em todas as carreiras necessárias para levar adiante o projeto de atuar em outras e em várias frentes.

22

Na onda eletrônico-digital

Ainda fortemente organizada por produtos, a empresa preparava-se para organizar-se por negócios e, dentro deles, por segmentos. Com dois terços do faturamento vindo das revistas, o foco da companhia era notadamente as classes A e B. O preço de capa da principal revista era mais caro do que o preço da americana *Time*. A necessidade de baratear os produtos seria um dos imperativos da nova década. Assim como, mais tarde, seria imperativa a necessidade de um ajuste drástico na força de trabalho, que crescia vertiginosa e proporcionalmente à medida que novos negócios iam sendo incorporados.

Logo nos primeiros dois anos da nova década, a empresa já montava uma imensa operação de TV por assinatura e uma outra operação de TV aberta segmentada. E, nos próximos três anos, uma imensa operação de Internet seria incorporada, sem contar outras pequenas tentativas, como música digital, divisões de CD-ROM e outros produtos multimídia.

Essas operações teriam sido ainda mais arriscadas não fosse a estratégia da liderança ainda familiar de buscar sócios e parcerias estratégicas para os novos negócios em vez de entrar neles só com capital próprio. Ainda assim, a corrida aos bancos para botar de pé negócios potencialmente promissores foi tão ousada a ponto de quase comprometer o maravilhoso e sólido império do papel. Um negócio que, mesmo em tempos bicudos como os que vivemos na passagem dos anos 1980 para os 1990, era capaz de gerar cifras fabulosas, como, por exemplo, atingir cerca de 30 milhões de leitores e garantir emprego para milhares. Entre eles, quase seiscentos jornalistas, *designers*, fotógrafos. Este era o tamanho do núcleo criativo de que estávamos falando. E os primeiros anos da década de 1990 foram moral e particularmente gloriosos para esse núcleo.

Ao mesmo tempo que a crise econômica levava a gráfica da empresa a reduzir sua jornada de trabalho, o que foi uma decisão dos próprios gráficos, por meio de votação, todos, em especial os jornalistas, saboreavam a decisiva participação do principal veículo da empresa no *impeachment* do presidente da República, Fernando Collor de Melo.

A primavera voltara.

O prédio foi decorado com um grande estandarte verde-amarelo. Os veículos internos trouxeram uma carta assinada pelo presidente que, em vez de parabenizar apenas os jornalistas da publicação que haviam revelado os escândalos do então presidente, parabenizava todos os funcionários por sua cota de colaboração naquele processo todo, o que incluía o enfrentamento da crise econômico-financeira interna e o enfrentamento da crise institucional vivida pelo país.

"Começamos a desenhar um novo Brasil", escreveu o presidente da empresa na carta que enviou aos funcionários. Era a senha que faltava para botar ainda mais gás nos sonhos de crescimento e expansão do grupo.

A outra injeção motivacional viria pouco tempo depois, com a instituição do Plano Real, que, pelo fato de ter causado uma significativa melhora na renda *per capita* do país, com a inclusão de alguns milhões de brasileiros na base da pirâmide de consumo, despertaria no grupo um desejo de crescer também para além das classes A e B. Idéias de desenvolvimento de produtos acessíveis e relevantes para a classe C começaram a ser alimentadas. E o novo RH daria uma grande contribuição para a viabilização deste ideal, como veremos mais adiante.

23

Um ambiente diverso, hostil e cricri

No auge da explosão de investimentos em novos negócios, mais especificamente no meio da década, o quadro dos recursos humanos do grupo atingira a impressionante marca de 11 mil pessoas.

Para se ter idéia da enormidade desse número, basta lembrar que dezenas de municípios do país não chegam a atingir tamanha população. E, agora, o núcleo criativo não só crescera proporcionalmente aos recursos humanos do grupo como um todo, como passara a incorporar profissionais de televisão, radialistas, VJs, apresentadores, produtores, programadores de *softwares* e *web designers.*

Isolado e independente do restante da organização, esse núcleo, isto é, a Igreja e toda a sua complexidade hierárquica, subdividia-se em várias outras tribos. Essas tribos davam à empresa ares de uma intensa e inspiradora diversidade multicultural.

Mas também formava um conjunto impressionantemente corporativista, cricri e, muitas vezes, desnecessariamente hostil às mudanças organizacionais, por mais necessárias e contextualizadas que pudessem ser.

•

(Aqui vale abrir um parêntese: o corporativismo existe, em geral, em todas as áreas, mas é mais exacerbado nas áreas criativas. Até faz sentido, pois essas pessoas, normalmente, têm boa formação, boa bagagem cultural, vivem nos mesmos espaços e ambientes culturais, freqüentam até os mesmos bares e restaurantes, formam uma comunidade.

Nessa troca de relações pessoais, esse espírito de corpo se firma também dentro da organização. Voltaremos, mais adiante, ao tema do corporativismo em ambientes criativos.)

•

O fato é que, para uma empresa prestes a entrar num ritmo de mudanças estruturais constantes, aquela atitude de resistência às mudanças era nitroglicerina pura para o clima organizacional. Para quem estava vindo de fora, o cenário era bem mais do que desafiador: poderia ser um campo minado, com os egos e as suscetibilidades desempenhando o papel das minas, prestes a explodir ao menor contato hostil.

E essa hostilidade eu sentiria na pele tão logo meu plano de vôo para uma gestão profissional de RH fosse apresentado às instâncias superiores, o que incluía os representantes máximos do núcleo criativo. Aos poucos, começou a ficar claro que a resistência do núcleo criativo às mudanças organizacionais estava, no fundo, ligada à questão da comunicação. Não só os criativos, mas toda a empresa apresentava resistência quando a notícia, as razões e os porquês de uma determinada mudança chegavam nebulosamente via rádio-peão — ou "corredor-press", como se diz no jargão de empresas de comunicação.

Quando a mudança era clara e rapidamente comunicada, quando o núcleo criativo se sentia envolvido, a ponto de se ver como agente ativo da mudança, o nível de adesão, conforme eu notaria ao longo dos próximos anos, era simplesmente poderoso.

A força coletiva dessa empresa era, e continua sendo, um fenômeno digno de virar estudo nas escolas de administração.

24

A incorporação de novos princípios

Com novas aquisições, novas categorias profissionais e um plano ambicioso de dobrar o faturamento de 500 milhões de dólares para 1 bilhão de dólares, a conclusão era mais ou menos óbvia e inevitável.

Mais do que melhores práticas e políticas de RH, a empresa precisava rediscutir os seus valores e, sobretudo, precisava capacitar sua liderança para enfrentar aquele que seria o mais decisivo e incontornável imperativo da década: a busca da rentabilidade, o que implicava a melhoria contínua dos processos.

Ao RH caberia dar apoio constante a todas essas mudanças que vinham sendo pensadas e articuladas pela alta direção. E uma coisa era certa: nada poderia ser feito sem o envolvimento e a participação do núcleo criativo, pois tanto os problemas quanto as soluções passavam obrigatoriamente pelos seus membros. Por isso, a discussão dos valores teria que começar com o envolvimento de todas as áreas da empresa, mas principalmente com a presença de representantes desse núcleo.

Proposta pela presidência e coordenada pelo que já tínhamos de estrutura de Recursos Humanos, a rediscussão teria que ser travada a partir da síntese que veremos seguir.

Os cinco atuais valores da organização — integridade, ética, valorização das pessoas, pioneirismo e excelência — já estavam devidamente incutidos na cultura, na cabeça e no comportamento de cada funcionário. Isso era formidável, por um lado. Por outro, o problema estava exatamente aí. Para honrar o valor de excelência, por exemplo, criou-se em torno dele uma certa prática perdulária. Em nome da excelência, cometiam-se atrocidades contra a consciência de custos.

Para ilustrar a situação, vale recorrer a um exemplo hiperbólico: se uma foto não ficara boa, que fosse refeita imediatamente, mesmo que para isso a equipe de produção tivesse que alugar um novo helicóptero e retornar à luz branca de uma ilhota caribenha qualquer. Uma solução alternativa e criativa muitas vezes era vista como um insulto ao valor de excelência.

Os gestores do núcleo criativo — e esta é uma situação comum, compreensiva e desafiadora dos ambientes criativos — demonstravam indisposição em relação à rigidez administrativa e baixa consciência em relação, por exemplo, ao custo do capital. Tanto que nos projetos não se incluía no investimento o custo de capital. Agora, mergulhada na crise econômica do início da década de 1990 e ao mesmo tempo alimentando grandes e legítimas ambições de crescimento, a empresa não poderia mais protelar esse *handicap* cultural.

Ao RH caberia priorizar essa campanha de mudança cultural em sua estratégia de comunicação. Estratégia essa que era apenas um dos itens do projeto de RH no qual eu ainda estava trabalhando. E que teria que ser apresentado à presidência em poucos meses.

E essa era a má notícia.

A boa notícia era o fato de que, assim como na empresa de tecnologia e computação, não estávamos falando de um projeto convencional de RH, mas de um plano com escopo bem maior: montar uma estrutura, uma equipe que fosse também capaz de atuar na linha de frente das grandes mudanças organizacionais que estavam por vir.

Uma estrutura e uma equipe que estivesse preparada para ter uma presença formal na linha de frente, isto é, nas operações, nas unidades, nos negócios. Entretanto — e parafraseando o adorável Garrincha —, antes de deflagrar qualquer campanha para incutir novos valores na cabeça daquela comunidade ímpar, era preciso combinar o jogo com os russos.

25
Combinando com os russos

E o jogo começaria a ser combinado no primeiro encontro entre Igreja e Estado, concebido pela direção e coordenado pela nova estrutura de Recursos Humanos.

O encontro se daria ao longo de um dia inteiro, num dos imensos salões de convenções do Centro Empresarial de São Paulo. O lugar era tão afastado do centro da cidade quanto diametralmente oposto aos principais endereços da organização. À época, as operações do grupo estavam espalhadas por mais de trinta endereços diferentes. E esse fato, como notaria mais tarde num encontro com a presidência, era um tremendo fator de desagregação do ambiente. Ele ajudava a manter a muralha entre o núcleo criativo e o resto da organização.

Num tempo em que ainda não se podia contar com os benefícios dos meios eletrônicos da maneira como nos servimos deles hoje, perdia-se muito tempo e gastava-se muito dinheiro com o tráfego, os aluguéis e toda a infra-estrutura demandada pelos endereços fragmentados. Havia, no entanto, outros custos mais relevantes.

Por exemplo, os jornalistas das duas mais importantes e mais rentáveis publicações do imenso portfólio de títulos da organização encontravam-se isolados no sexto e no quinto andar do prédio-mãe: uma imensa, horizontal e imponente caixa de cimento erguida às margens de um dos rios que cortam a cidade. Já os profissionais das demais publicações respiravam os ares "proto-yuppies" de um moderno prédio do Novo Brooklyn paulistano. As boas práticas desses dois mundos não se cruzavam em nenhum corredor.

Voltando ao encontro que marcaria um grande avanço nas relações entre Igreja e Estado, a direção trouxe à mesa a necessidade de incorporar novos valores àqueles que haviam levado o grupo a se tornar líder do mercado brasileiro de publicações periódicas, com mais de 60% de *market share.*

Os líderes da Igreja e do Estado foram divididos em diversos grupos, para validar as crenças que orientavam suas ações e identificar os valores futuros para o grupo. Foi um debate acalorado e até agressivo.

As conclusões foram apresentadas em plenário. A questão da rentabilidade apareceu na maioria dos grupos. Em seguida, apareceram a questão do foco no cliente em oposição ao foco no produto e a questão da competitividade.

A Igreja, isto é, os criativos, marcaram posição, fizeram barulho. Pareciam acreditar que qualquer coisa que viesse do seio das novas escolas da administração poderia macular a base ética dos "produtos" que faziam.

Julgaram exagerado incorporar rentabilidade, foco no cliente e competitividade no rol dos valores clássicos da organização. Entretanto, julgaram pertinente a criação de um rol de novos princípios que passariam a nortear as ações de todos os executivos da corporação, inclusive os da Igreja.

Muito mais do que uma contribuição semântica — demarcar uma certa distinção entre valores e princípios —, o importante foi o envolvimento do núcleo criativo na discussão de temas dos quais, normalmente, e por opção, ele preferia manter-se distante.

Dessa forma, o conjunto de valores clássicos foi mantido intocado, mas três novos princípios foram instituídos: rentabilidade, competitividade e foco no cliente.

Do ponto de vista de gestão de pessoas, tratou-se de um avanço formidável. Afinal de contas, a partir daquele momento, a busca da excelência, por exemplo, já não poderia mais ser feita a partir de vôos livres e destituídos dos novos parâmetros organizacionais: tudo bem fretar um helicóptero para captar a melhor luz branca no Caribe, mas agora a equação não era mais Excelência × Excelência, e sim Excelência × Rentabilidade + Competitividade + Foco no Cliente.

26

Potenciais inimigos viram grandes aliados

Três meses depois da minha chegada, ainda apanhava para conhecer o terreno, tamanha era a sua extensão, tão diversa e surpreendente poderia ser a sua crosta.

Essa exploração, no entanto, era essencial, pois nenhum plano organizacional — seja um ambicioso projeto integrado de RH, seja a festa de fim de ano — pode dar certo se não se conhecem com clareza os papéis de cada um desde a sua concepção teórica até a avaliação, passando pela sua aplicação prática.

Quando cheguei, a área de Recursos Humanos era gerida por um denso e árido manual que também respondia pela alcunha de Verdão. Tratava-se, na verdade, de um conjunto de regras e de políticas, que eram aplicadas pelos RHs descentralizados, sem nenhuma grande diretriz corporativa. Mas, se o manual era obsoleto, a empresa, na vida real, no dia-a-dia, dispensava a seus empregados um tratamento muito acima da média que se verificava no mundo dos negócios brasileiro, em especial, nas demais empresas de comunicação. A questão, porém, é que este tratamento, no geral, era paternalista e destituído de amarração corporativa, institucional.

E era essa amarração o que eu tentara colocar no papel ao desenhar um plano de Gestão de RH que, se estava longe de ser perfeito, apresentava um alto grau de completude e complexidade, cobrindo quatro grandes linhas estratégicas: a gestão da mudança, a capacitação da liderança, o gerenciamento do capital humano e o gerenciamento dos talentos.

Mas o projeto apresentava um problema crucial no contexto daquele ambiente: sua linguagem, por mais modernos que fossem os conceitos, ainda estava muito mais atrelada ao "erreagazês" do que à precisão, concisão e elegância daquela que era uma das mais sofisticadas culturas jornalísticas da América Latina.

Depois de dias trabalhando em conjunto, a consultoria que eu contratara para desenvolver o projeto conosco enviaria um dos seus melhores homens para, finalmente, apresentarmos o resultado do trabalho à direção da empresa.

Assim que acabei de apresentar o tema do encontro e introduzir o consultor que coordenaria a apresentação, uma voz serena e irônica emergiu de uma das extremidades da longa e suntuosa mesa de reuniões.

— Não queiram nos seduzir — disse a voz serena representando o núcleo criativo. O tom era de poucos amigos.

O consultor, eu e outros dois membros da equipe de RH, que estava sendo formada, emudecemos. A presidência, entretanto, apoiou-nos.

Prosseguimos.

E o nosso propósito era, sim, o de seduzir. Falaríamos em seguida dos talentos de que o grupo iria precisar para atender seu plano de crescimento, falaríamos de avaliação de resultados, de preparação dos gestores para os novos tempos, falaríamos de comunicação interna, de um ambicioso e inédito plano de previdência privada, mas aonde queríamos mesmo chegar era na questão do planejamento a longo prazo.

A coisa parecia caminhar bem e o dono daquela voz serena trazia na face uma expressão um pouco menos decepcionada, transcorridos alguns minutos da apresentação. De repente, justamente quando o assunto abordado era um sistema de Avaliação por Resultados que pudesse dar conta de determinar os resultados individuais e competências do núcleo criativo, uma outra voz se fez notar e, desta vez, não havia ironia e muito menos serenidade. O tom era mesmo de irritação:

— Não vamos começar a inventar formulários burocráticos e cretinos. O que precisamos é de algo muito simples, feito na língua dos jornalistas.

Depois de ter chegado muito próximo de haver se transformado numa catarse desgovernada, a reunião prosseguiu com a descrição daquela que deveria ser a primeira ação proposta pelo projeto: apoiar o alinhamento e o direcionamento da empresa para o mercado e integrar as ações do negócio com as ações de gestão de RH, levando em conta os objetivos individuais e os objetivos dos gestores da empresa.

Para formatar esse modelo, faríamos alguns *workshops* com a participação de gestores de todas as áreas, da Igreja e do Estado.

Ao final, notei estampada no rosto dos representantes do núcleo criativo apenas uma certa descrença — já não havia mais aquele indisfarçável desdém.

Despedimo-nos e, aproximando-me reservadamente do dono da voz serena e irônica, marquei com ele uma conversa.

Para o dono da voz irritada entreguei uma folha em branco e disse:

— Como um dos melhores jornalistas da casa, creio que ninguém melhor do que você para pegar essa folha em branco e transformá-la em um formulário que não seja burocrático e que corresponda à linguagem e ao universo dos editores, diretores de arte, diretores de redação etc.

— Você está me pedindo que crie o instrumento de RH que vai servir para avaliar o desempenho das pessoas?

— É isso aí. Acho que você poderá dar à coisa a simplicidade que ela precisa ter, como você, acertadamente, havia notado.

Quatro dias depois, ele, que dirigia uma das mais importantes áreas editoriais da empresa, entregou-me um documento minucioso.

Contextualizei o documento dentro do novo projeto de RH e encaminhei-o à presidência, informando sua autoria. A presidência, claro, não só reconheceu o valor e a pertinência do trabalho como enviou um bilhete ao autor do documento, elogiando-o. Este documento seria a base do instrumento pelo qual, até hoje, se faz a negociação anual de objetivos individuais a serem cumpridos e a avaliação dos resultados alcançados ao final do período.

Em seguida, junto com a nossa equipe, ele passou a montar o quadro de indicadores de sua área — coisas como reduzir a 5% o número de erros de português, criar determinado número de capas etc. Ele, na verdade, não só criou os indicadores de avaliação para a área editorial como assumiu sua implantação nas redações. E isso teria uma repercussão fabulosa para a implantação de avaliação de desempenho em toda a companhia.

Obviamente, sabíamos que os indicadores criados por ele eram específicos para a área editorial e que não seriam os mesmos, por exemplo, para as áreas financeira ou comercial. Mas a base seria a mesma. O mais importante, no final das contas, é que esse executivo fora "seduzido" pelo nosso plano.

E ele se envolveu de tal maneira que passou de crítico a parceiro. Uma coisa fantástica, sinérgica. E é justamente a partir dessas pequenas coisas, dessas grandes alianças, que se pode fundamentar uma boa estratégia para lidar com a difícil arte de gerir talentos criativos.

Mais do que parceiro, aquele executivo passou a emprestar seu talento e o de sua equipe para nos ajudar a enfrentar as dificuldades e os entraves técnicos e políticos da implementação do projeto de um novo RH.

Um RH que estivesse à altura dos padrões e das expectativas daquele núcleo, o que, automaticamente, implicava um RH criativo, eficiente e de altos padrões ético e estético.

Ainda naquele intervalo de quatro dias, aconteceu minha conversa com o dono da voz serena, irônica e sábia. Em uma hora, aprendi mais sobre fazer produtos editoriais de qualidade do que poderia aprender ao longo de um curso de pós-graduação sobre o assunto. Também compreendi de onde vinha a dificuldade que aquela organização tinha de pensar a longo prazo. Vinha, supus, do fato de todo o seu ciclo, toda a sua mentalidade estarem associados ao curto prazo: fecham-se revistas em uma semana, uma quinzena, um mês.

Por isso, concluí, a empresa não tinha o hábito de pensar a longo prazo e, sendo assim, não costumava enxergar as crises. Não tinha costume de olhar para o cenário do Brasil e do mundo. Então, não previra a recessão e a crise na qual se encontrava mergulhada. Ao olhar quase exclusivamente para o próprio umbigo, acertava em sonhar grandiosamente, mas errava ao não contextualizar seus sonhos. E isso o mercado iria cobrar na virada do século XX para o XXI. Mas, ao fim daquela conversa, aquele potencial adversário ideológico também já não existia mais. Eu passaria a contar com mais um grande e inestimável aliado. Um aliado inspirador e absolutamente fundamental para a consolidação do nosso projeto de RH para aquela empresa.

27

Turma? Que turma?

Poder contar com aliados da área criativa foi fundamental em todos os aspectos, mas principalmente na questão da formulação de um projeto de comunicação interna eficiente.

Este projeto deveria envolver a abertura de diversos canais entre a empresa e seus colaboradores. Canais que conseguissem ser mais rápidos, claros e transparentes do que a "rádio-peão" que, no caso dessa empresa, tinha os seus *hubs* nas máquinas de café e nos fumódromos, salas onde se confinavam os fumantes.

Embora já contasse com uma superestimada estrutura de comunicação interna, as ações e a estética da área não empolgavam.

Para começar, numa casa que produzia para o público externo os melhores veículos segmentados do país, o órgão interno não ia além de um tradicional e tímido *house organ*. Essa publicação, por mais convencional que pudesse ser, procurava apresentar uma cobertura abrangente sobre o grupo, seus negócios e seus colaboradores.

Apesar dessa abrangência, o grupo, suas pessoas e seus negócios, era cada vez mais heterogêneo e diversificado — entre as suas diversas unidades, havia até uma empresa de listas telefônicas — e muitas unidades passaram a ter seus próprios veículos. Isso, claro, significava duplicação de custos, de tarefas e de mão-de-obra.

Antes de pensar nos produtos que a área de comunicação poderia desenvolver era preciso olhar para sua própria estrutura. Nela havia uma gerente, tarimbada jornalista que estava no grupo fazia muito tempo. Na verdade, quando eu assumi, ela estava à frente daquela gerência em outra diretoria. O titular desta diretoria, ao se desligar da empresa, dissera-lhe para não se iludir, pois ela deveria ser demitida em pouco tempo, já que o novo homem de RH iria, sem dúvida, trazer sua turma de confiança.

Chamei a jornalista para uma conversa.

Sobre ela, sabia que se encontrava desmotivada e descrente em relação a tantas mudanças que estávamos anunciando. Conhecida por sua desenvoltura e pelo humor irreverente, era querida nos quatro cantos da empresa, inclusive na alta direção. Entretanto, mesmo já tendo chefiado outros setores importantes dentro do núcleo criativo, ela não conseguia traduzir tudo isso em benefício da própria carreira.

Entrou na minha sala de supetão e foi logo dizendo:

— Já sei, você vai me mandar embora e trazer sua turma de confiança para cá.

Eu nunca havia pensado sobre a questão, mas naquele momento parei para refletir sobre uma das minhas características como gestor de RH. Em toda a minha carreira até aquele momento, jamais levara para as empresas a minha turma ou qualquer turma que fosse. E isso vem da crença de que nada menos motivador do que recorrer ao mercado, isto é, trazer gente de fora para ocupar as melhores posições.

Muito mais motivador e exemplar é procurar dentro da própria organização talentos para ocupar as posições de destaque. Daí o fato de todos os modelos de gestão de RH que ajudei a desenvolver e implantar terem, todos eles, a preocupação de movimentação interna.

Além disso, não poderia haver turma, pois sempre trabalhei com a idéia de que, ao se formar e desenvolver uma equipe de alta *performance*, essa equipe — esses talentos — deve pertencer à organização e não à sua turma.

Quando se trabalha sob essa perspectiva, ao deixarmos uma organização, os talentos pertencentes à sua equipe devem estar devidamente encaminhados, incluídos nos planos de sucessão e de movimentação interna.

Um bom gestor de pessoas — e essa é uma crença muito particular —, antes de descartar as pessoas, deve confrontar o rol de talentos delas com o rol de posições abertas primeiro na sua própria área e, depois, no restante da organização. E essa é também uma boa maneira de se evitar a formação de feudos. Por isso, no fluxo de gestão de RH, no item Atração, Desenvolvimento e Retenção de Talentos não pode faltar um bom programa de recrutamento interno. Portanto, minha resposta à tarimbada e talentosa jornalista foi negativa: ela não só não seria demitida, como teria alguns dias para me apresentar um novo projeto de comunicação interna.

— Comece pelas pessoas — disse-lhe eu. — Aliás, no fundo, o que conta mesmo são as pessoas — prossegui. — São elas que fazem a diferença — arrematei.

Mas nem tudo eram boas notícias. Desse novo projeto, deveria constar também uma nova proposta de estrutura funcional: nossa gerente de comunicação teria que reduzir sua equipe pela metade. Para isso, sugeri que a nova estrutura deveria se espelhar nas redações da casa, copiando não só sua estrutura enxuta como também seu padrão de excelência jornalística.

Afinal, os jornalistas que faziam as publicações mais bonitas e eficientes do mercado não poderiam receber, no final do mês, um simples jornalzinho de empresa, feio e chapa-branca.

Também, como sempre acontecia, não poderiam continuar sendo informados sobre os assuntos da companhia pela imprensa especializada na cobertura do setor de mídia.

Qualquer notícia importante sobre a empresa e seus negócios, fosse ela boa ou ruim, deveria ser dada em primeira mão aos seus recursos humanos. A boa notícia é que ela não precisaria fazer o novo projeto sozinha. Ao contrário, poderia — e deveria — contar não só com o apoio mais com a orientação daquela importante diretoria editorial, citada anteriormente, que se tornara nossa parceira.

28

Benchmark em comunicação interna

Ao deixar minha sala, como me diria mais tarde a tarimbada jornalista, ela foi direto aos dirigentes máximos da área editorial, com quem, agora, tínhamos um diálogo estabelecido. Ao discutir com eles sua missão de desenhar um novo projeto e dar um novo perfil à área de comunicação interna, ela ouviu duas recomendações que acabariam fazendo toda a diferença:

— Em vez de fazer comunicação empresarial, que tal fazer bom jornalismo? — propôs um dos dirigentes.

— Para fazer bom jornalismo, que tal começar contratando bons jornalistas, isto é, profissionais que poderiam estar em qualquer uma das nossas redações? — recomendou o outro.

Foi o que ela fez, não sem antes dar o devido encaminhamento profissional às pessoas que seriam desligadas. Algumas foram terceirizadas, enquanto outras passaram a prestar serviços como *freelancers.*

Em pouco tempo, os veículos de comunicação interna ganharam uma nova pegada e uma nova estética.

Muito bem executadas do ponto de vista jornalístico, com a preocupação de sempre ouvir no mínimo duas fontes ao dar uma notícia, as matérias dos novos veículos receberam ótima acolhida dentro do núcleo criativo, que antes os ignoravam solenemente.

O carro-chefe da comunicação interna, uma publicação mensal em formato de revista, estava orientado para dar as notícias do grupo preocupando-se sempre com a aventura humana que estava por trás delas, as notícias. Desse modo, as pessoas — e não os novos contratos fechados, as novas tecnologias adquiridas, os novos títulos lançados — é que eram valorizadas. Em vez dos tradicionais retratinhos dos jornais de empresa, as fotos das pessoas entrevistadas eram feitas por fotógrafos renomados e chegavam a ocupar até meia página. A publicação incorporou infográficos para explicar melhor os assuntos complexos e os grandes jornalistas da casa eram convidados a escrever colunas ou artigos especiais.

29

Os limites da transparência corporativa

— Essa nossa revista está ótima, cada dia melhor — disse certa vez o presidente da organização, numa reunião com seus principais executivos. — Está tão boa — prosseguiu ele —, que a concorrência deve ser a primeira a lê-la, já que as matérias são tão completas que acabam entregando todas as nossas estratégias.

Foi um exagero, mas o presidente estava certo quanto ao enfoque transparente demais da publicação. Afinal de contas, por mais jornalística que realmente precise ser, uma publicação interna deve estar alinhada à estratégia da organização e não comprometida em revelar os detalhes da sua estratégia.

Esse assunto renderia uma boa discussão sobre os limites da transparência corporativa.

Por ora, devo dizer que a pertinente observação do presidente nos levou a mudar a missão da publicação, que passou a se preocupar mais em celebrar os grandes feitos da empresa e de seus funcionários sem se prender muito às exigências do jornalismo investigativo.

Os concorrentes que se virassem para saber quais seriam os nossos próximos passos, que novas revistas estávamos pensando em lançar, por que tiramos este ou aquele *site* do ar, quanto investimos nesta ou naquela pesquisa e assim por diante.

A nova linha do veículo também passou a se preocupar com as melhores práticas da organização. Sempre que algo grandioso fosse feito numa determinada área, aquilo deveria ser mostrado para servir de inspiração às outras áreas da empresa.

Dessa forma, quando, em meados da década de 1990, a organização precisou incorporar a sua cultura de uma vez por todas a prática da boa gestão dos custos operacionais e financeiros, a publicação passava a escarafunchar as seções e departamentos onde essas práticas pudessem ser exemplares.

Assim, além de ser um instrumento de gestão da informação, o veículo passou a ser também um canal de discussão e divulgação de questões relacionadas à gestão do conhecimento, tema que, em pouco tempo, se transformaria numa das grandes linhas de atuação estratégica daquele nosso RH.

Além do carro-chefe, que se preocupava com as notícias mais gerais e abrangentes, a Comunicação Interna contava ainda com vários outros veículos, alguns deles segmentados. Por exemplo, para os executivos, havia um *clipping* diário com todo o noticiário sobre o grupo publicado na grande imprensa e na imprensa especializada. Para esse público, havia ainda um boletim executivo com notícias de ordem estratégica, como a promoção de um diretor, a inclusão de um novo sócio, a descontinuidade de uma publicação.

Os leitores desse veículo sentiam-se muito prestigiados por receberem em primeira mão notícias da empresa, que geralmente estariam nos jornais do dia seguinte.

O conjunto dos veículos estava alinhado a um projeto de gestão da informação que visava, em primeiro lugar, a manter o funcionário atualizado sobre o frenético crescimento e diversificação do negócio. Se ele não estivesse muito bem informado, poderia deixar de acompanhar o próprio negócio. Além disso, a boa gestão das informações ajudava o funcionário a entender melhor qual o seu papel neste ou naquele cenário, o que a empresa estava esperando dele e o que ele poderia esperar da empresa.

30

Não basta ser gênio; é preciso estar motivado

A boa acolhida desse programa de gestão da informação não foi apenas no âmbito interno. A partir da segunda metade da década de 1990 até os primeiros anos da década atual, o carro-chefe dos veículos foi cinco vezes eleito o melhor jornal de empresa do país, pela Associação Brasileira de Comunicação Empresarial — Aberje —, e uma vez eleito o melhor jornal de empresa em língua portuguesa.

Os responsáveis pela comunicação interna passaram a ser solicitados para proferir palestras em outras organizações e instituições sobre seu trabalho. Profissionais de comunicação empresarial de todo o país passaram a visitar nossa área de comunicação, a fim de fazer *benchmarking* com os nossos veículos. Ou seja: o ambiente criativo da organização exigia que tivéssemos, também na comunicação interna, profissionais tão talentosos e criativos quanto os profissionais dos núcleos e unidades de produção criativa da empresa.

É isso que eu chamo de fazer o núcleo criativo contaminar toda a empresa.

Entre os muitos prêmios recebidos, o melhor, no entanto, era ver uma equipe motivada ao extremo. Era ver aquela gerente, que anos antes entrara na minha sala desanimada e certa de que seria demitida, no auge de sua produção intelectual e profissional.

Conforme brincou um dos profissionais da área ao receber um dos prêmios em nome da equipe: "Não basta ser gênio, é preciso estar cem por cento motivado."

31

Ruídos na comunicação interpessoal

Enquanto a comunicação interna institucional, intermediada pelos veículos novos e/ou renovados, atingia o estado-da-arte, pesquisas de clima realizadas pela área de RH, com auxílio de consultoria externa, apontavam um problemão.

Os funcionários de um modo geral criticavam pesadamente a comunicação interpessoal dentro da empresa, em especial a relação chefia-subordinado, detectando nela falta de clareza, falta de objetividade na transmissão de tarefas e metas, além de outros ruídos. Era um problema sério detectado por Recursos Humanos, do qual a direção da empresa esperava uma solução satisfatória e, de preferência, rápida.

No auge de seu sonho de expansão como indústria de mídia e de entretenimento, mais precisamente em meados da década de 1990, o grupo, como disse antes, chegou a contar com pouco mais de 11 mil funcionários, incluindo suas operações de TV paga via satélite.

Nesse período, o novo modelo de Recursos Humanos que eu viera implantar estava em pleno vigor, embora ainda não estivesse completo. E nem poderia, porque o conceito era mesmo de *work-in-*

progress, isto é, um modelo que fosse se ajustando facilmente a toda e qualquer situação que o grupo viesse a enfrentar.

Claro que um modelo assim só funciona, só é possível, quando se tem, em primeiro lugar, uma equipe de muito talento e, em segundo, instrumentos e ferramentas adequadas e flexíveis. Acredito que, àquela altura, contávamos com as duas coisas. Já havíamos criado um Fluxo de Gestão de Recursos Humanos bastante sólido.

32

Grandes linhas de atuação estratégica

Em linhas gerais, esse fluxo obedecia a uma tendência universalista com as seguintes características: em vez de orientado à hierarquia, às estruturas explícitas e muito documentadas e às transações, a área de RH passou a ser orientada ao negócio e às equipes, sendo flexível, tácita e pouco documentada, focada, enfim, na contribuição estratégica.

TENDÊNCIAS EM RH

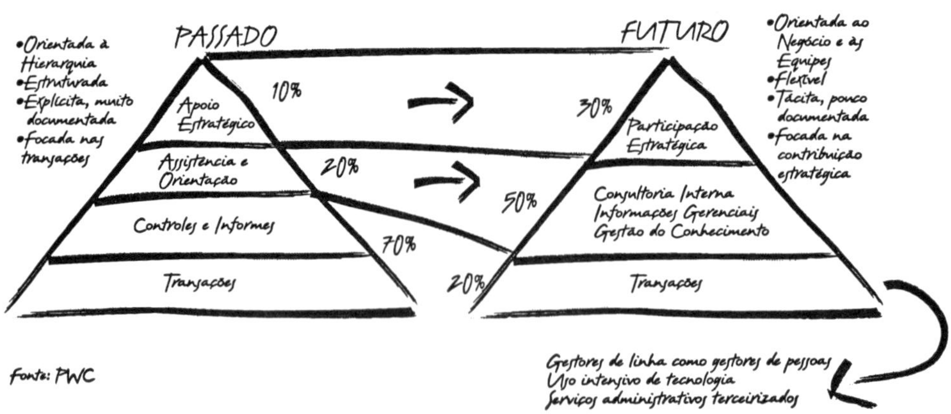

Fonte: PWC

Com essa orientação geral, nosso modelo trazia em seu fluxo de gestão as seguintes linhas gerais de atuação: Gestão da Mudança, Gestão do Conhecimento, Capacitação da Liderança e Gestão de Talentos.

Ao se expandir e passar a atuar em novos segmentos, a estrutura organizacional da empresa tinha que ser freqüentemente adaptada às ondas do mercado e da economia nacional e internacional.

O mundo mudava a cada instante. E a empresa precisava acompanhar essas mudanças. Era preciso, portanto, dispor de instrumentos para monitorar o clima. Mais que isso, era preciso ter líderes preparados e dispostos a enfrentar a mudança constante e, sobretudo, a resistência às mudanças.

33

Discutindo a relação com ferramentas adequadas

A linha de Gestão de Talentos era, evidentemente, a mais complexa e trabalhosa. Em um país de sérias deficiências no setor de educação, nem sempre as empresas podem contar com profissionais prontos para atuar em seus negócios. Na maioria das vezes, é preciso, além de atraí-los, completar sua formação. E aqui estou falando tanto de formação técnica quanto de formação generalista. E, em se tratando de talentos, a década de 1990 foi pródiga na disputa por eles, principalmente nos ambientes criativos.

Com a bolha da Internet no final da década, os talentos das empresas tradicionais de comunicação eram freqüentemente assediados e levados a peso de ouro para editar ou dirigir negócios pontocom. No nosso caso, por um lado, era preciso proteger os talentos da empresa contra essas investidas.

Por outro, era preciso ampliar o escopo dos talentos da própria organização, que, se no passado precisava de talento exclusivo para a mídia impressa, agora precisava de um supertalento, capaz de se sair bem em todos os meios, isto é, capaz de produzir conteúdo para todos os formatos.

Em suma, nosso desafio diante da questão era dispor de um processo estruturado para identificar e preparar profissionais da casa para assumir, de forma planejada, as posições estratégicas atuais e futuras do grupo. O primeiro passo era definir com clareza o que se entendia por talento.

Talentos, na concepção que defendíamos, eram aqueles profissionais que, além de apresentar desempenho superior, demonstrassem também alto potencial de desenvolvimento para assumir posições de maior nível de abrangência e complexidade na estrutura organizacional. O desempenho dos profissionais seria avaliado anualmente por meio de dois processos distintos: Resultados Individuais e Competências e Carreira.

O processo de avaliação de Resultados Individuais abrangia os níveis executivo e o gerencial. Consistia na negociação, no começo do exercício, entre chefes e subordinados de objetivos individuais a serem cumpridos ao longo do ano e, no final do mesmo, a avaliação dos resultados alcançados. Desta avaliação dependia o bônus do gerente ou do executivo.

Já o processo de avaliação anual com base nas competências genéricas, previamente definidas pela direção da empresa, abrangia todos os funcionários. A implantação desse processo de avaliação chegou a atingir dificuldades épicas e houve quem apostasse no seu fracasso.

Tanto um quanto outro eram dois processos que obrigavam chefes e subordinados a sentar um diante do outro para, no final das contas, se avaliarem mutuamente.

— Isso nos obriga a discutir a relação — brincou um executivo, que, em uma ocasião, entrou em minha sala para relatar o quanto aquele instrumento o estava ajudando a gerir sua equipe.

A implantação desse processo, repito, foi tentada desde os primeiros anos da minha gestão à frente da empresa, mas levaria anos para decolar. Hoje está assimilado pela cultura da organização e é um sucesso. E é um exemplo de que nem tudo que não dá certo na primeira hora está fadado a não funcionar jamais numa empresa. As dificuldades estavam ligadas sobretudo à questão humana.

Com formulários eletrônicos muito simples, o processo dependia, no entanto, de diálogo, capacidade de olhar, a curto e médio prazos, para a própria carreira e para a dos subordinados.

Ou seja, aquela ferramenta de avaliação era, também, um instrumento pelo qual se podiam planejar carreiras.

Toda a informação gerada pelos dois processos de avaliação seria utilizada no processo de Avaliação de Potencial dos talentos.

Realizado por meio de Comitês de Avaliação, que são constituídos pelos diretores das respectivas Unidades de Negócios, o processo de avaliação de potencial é feito a partir das informações de desempenho levantadas naqueles encontros formais de avaliação entre chefes e subordinados.

Para definir o potencial de cada um, os comitês de avaliação levavam em conta as seguintes informações: grau de prontidão do profissional nas competências específicas da carreira à qual pertence, formação acadêmica, especializações, experiência profissional na empresa e no mercado, fluência em idiomas; e habilidades e atitudes, tais como capacidade e disposição para aprender, motivação e interesse, nível de energia (dinamismo), inteligência emocional, disposição para assumir riscos, flexibilidade e bagagem cultural.

Para os profissionais criadores ou artísticos (apresentadores de TV, *designers*), além dessas informações, os comitês também levavam em conta critérios de avaliação próprios do negócio, como audiência, produtividade, alinhamento com o público, reputação, conduta ética, além de outros.

Agora, para ser avaliado por esses comitês, o funcionário, independentemente de seu nível hierárquico, precisava ter desempenho superior e obter notas acima de três numa escala de um a cinco naqueles dois processos de avaliação: Objetivos Individuais e Competências e Carreira.

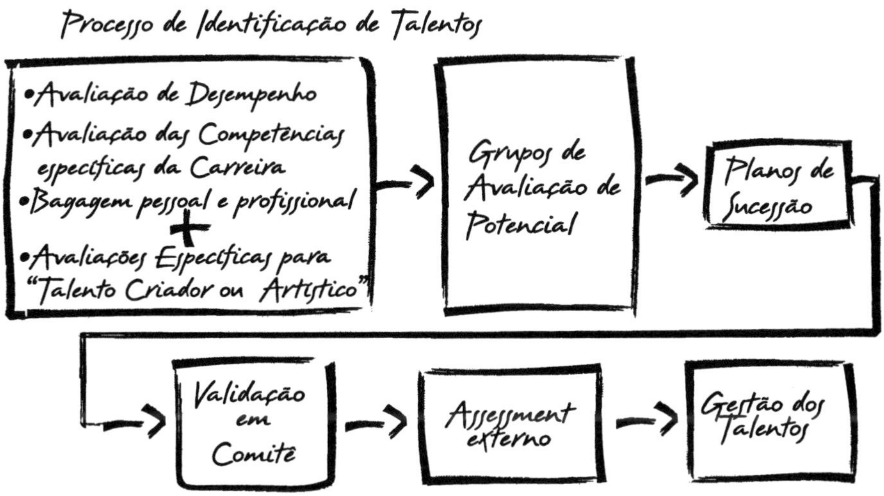

34

Criando a cultura da sucessão

Os processos de avaliação de resultados individuais, avaliação de competências e carreira e avaliação de potencial dos talentos foram pensados para abrir uma quarta janela: a da sucessão em todos os níveis hierárquicos.

Desenvolver uma cultura de sucessão é um dínamo sem o qual não se faz boa gestão de talentos. Os planos de sucessão das posições-chave da estrutura organizacional, no nosso caso, eram revistos e atualizados, junto aos diretores superintendentes e vice-presidentes, logo depois daquele trabalho de identificação dos talentos de cada unidade.

As chefias passaram a ser responsáveis pelo acompanhamento dos principais talentos de sua estrutura. Passou a fazer parte da rotina dos chefes a identificação dos interesses profissionais dos membros de sua equipe. Identificados esses interesses, o próximo passo era relacionar e alinhar os interesses dos membros da equipe com os interesses da empresa.

Em seguida, as chefias deveriam, junto com a área de RH, desenvolver planos de treinamento e desenvolvimento pertinentes àqueles interesses detectados.

Ao zelar pelo desenvolvimento profissional de sua equipe, o chefe também se via obrigado a detectar nela uma pessoa com potencial para substituí-lo. Desse modo, ele próprio, o chefe, estaria mais apto a movimentar-se quando tivesse alguém pronto para deixar no seu lugar. Essa estratégia cobria todos os níveis hierárquicos. Assim, de forma planejada, a empresa não corria o risco de não ter talentos prontos para assumir, em qualquer eventualidade, todas as posições, inclusive as de confiança e as estratégicas.

Sem essa cultura do planejamento da sucessão, as organizações, como nos ensina o velho e bom Jack Welch, ficam vulneráveis, entregues às imprevisibilidades do mercado.

Uma vez instalada essa cultura, você pode até perder um talento para o mercado, mas sua reposição será sempre mais rápida, mais barata e mais segura.

A implantação dessa cultura seria importante lá na frente como um dos suportes fundamentais do processo de *turnaround.*

35

Para tempos sombrios, um RH humanista

Ao final da década de 1990, às vésperas do século XXI, o sonho de expansão multimídia começou a ficar seriamente comprometido devido tanto a erros estratégicos de superdimensionamento do mercado de TV paga no país quanto a uma nova crise econômica, que só começaria a ser debelada com a instalação do câmbio fixo, no final de 1999.

No início da década, planejou-se levar a empresa, de um faturamento de meio bilhão de dólares para 1 bilhão de dólares em cinco anos. A meta fora alcançada, mas, com a desvalorização da moeda americana e a venda de alguns ativos, o faturamento recuaria aos 700 milhões de dólares.

A partir daí, a empresa começou a trabalhar seriamente na profissionalização de sua gestão. Foi um longo e árduo processo de mudança. Um longo e árduo processo de revisão estratégica. Em vez do faturamento, o foco voltou-se para a rentabilidade e a produtividade.

Em vez da sanha expansionista, voltou-se a focar o *core business*, sem no entanto perder de vista que, na sociedade da informação, uma empresa de mídia só estaria propriamente alinhada ao seu tempo — ou à frente dele — se estivesse pronta para entregar seu conteúdo quando e como seus clientes quisessem.

A virada do século foi difícil para o país e, como não poderia deixar de ser, para a empresa. O desemprego atingia índices desanimadores. Ao se desfazer de alguns ativos e ao focar a produtividade, os cortes na organização foram inevitáveis. E dolorosos.

Foi nesse momento que a área de Recursos Humanos pôde demonstrar que, de fato, havia se construído de tal forma a ponto de dispor de ferramentas capazes de funcionar tanto na bonança quanto na tempestade.

O período de 2000 a 2003 foi especialmente turbulento. O presidente decide se afastar das operações. Cria o cargo de presidente executivo (CEO).

Essa decisão do presidente surpreendeu positivamente o mercado — que via na atitude um gesto decisivo de profissionalização da companhia —, mas chocou os funcionários. Estes viam na figura do presidente não apenas a continuidade do excepcional espírito empreendedor que herdara do pai, o mítico fundador da empresa. Mais que isso, sentiam-se paternalmente protegidos por aquela figura, que agora decidira se afastar das questões do dia-a-dia para ficar mais na retaguarda estratégica. Entre os criativos, isto é, no interior da Igreja, o choque foi ainda maior. Afinal de contas, com o afastamento do presidente, que sempre se mantivera à frente dos produtos editoriais, atuando sobre o conteúdo deles, era como se a Igreja fosse sair das mãos do papa e cair nas mãos do chefe de Estado.

Com a chegada do novo CEO, criou-se também o conceito de comitê executivo expandido.

Os setores das Unidades de Negócios passaram a tratar seus assuntos com seus pares, de modo que nenhuma decisão pudesse ser tomada, em nenhuma instância da empresa, sem antes ser submetida ao comitê presidido pelo CEO. As prioridades estratégicas passam a ser o aumento da rentabilidade e a busca de novas fontes de receitas. Agora, a batalha seria travada no sentido de eliminar duplicidade, retrabalho e burocracia, reduzindo custos. Na trincheira, deveria estar um RH participativo, estratégico e atuante. Mais que isso, um RH humanista, que deveria, além de motivar e ajudar a empresa a olhar para a frente, cuidar com toda a dignidade necessária do duro processo de redução de quadros.

No período 2001-2003, o quadro da companhia reduziu-se em 30%. O RH precisava focar o desligamento de pessoal à altura da tradição da companhia, na qual as pessoas sempre tiveram orgulho de trabalhar. Movimentos equivocados nessa hora de grande desligamento poderiam comprometer essa tradição.

Sim, a empresa sempre tratara as pessoas muito bem na hora da saída. E essa tradição precisava não apenas ser mantida como também melhorada. Procuramos, então, reduzir ao máximo o sofrimento das pessoas. Preparamos pacotes de benefícios, contratamos consultorias para ajudar as pessoas a serem recolocadas no mercado. Embora isso aliviasse um pouco o trauma da demissão, o processo, como um todo, era difícil e angustiante, porque o mercado não tinha capacidade de absorver todos os desempregados.

Nas duas empresas anteriores onde havia exercido funções executivas, eu já experimentara aquela situação. E sabia que estar pessoalmente disponível para conversar com as pessoas era tão importante quanto oferecer a elas um bom pacote de desligamento.

Nessa hora, as pessoas querem e precisam mais do que tudo de ouvidos. E devem ser atendidas nessa necessidade, tanto formal quanto informalmente. Por essa razão, chegamos a montar plantões de RH para ouvir, ajudar, encaminhar ou recolocar os desligados.

Toda a equipe sofre com esse processo. Os níveis de estresse atingiram a carga máxima. Mas saímos, todos nós, engrandecidos e muito mais humanizados. Nunca, como naquele momento, pude sentir o significado de uma empresa na vida das pessoas, o quanto o destino dela, da empresa, faz diferenças monumentais, para o bem e para o mal, na história privada dos indivíduos.

36

Talentos criativos: como remunerá-los?

Com um quadro absolutamente enxuto, uma economia ainda instável e um mercado que havia se tornado mais competitivo, a empresa nunca dependera tanto da motivação de seu pessoal, seja o pessoal da linha de frente, seja o pessoal da retaguarda, das áreas de apoio, como serviços compartilhados, tecnologia da informação, infraestrutura etc.

Ao contrário do que se esperava, a convergência dos meios não se confirmou como um fator inexorável que as novas tecnologias da informação trariam em pouco tempo. Entretanto, a competição entre os meios atingiu níveis inéditos. Além disso, os *players* da indústria de mídia passaram a ter de lidar com variáveis estranhas. A pirataria, por exemplo, destruiu a tentativa do grupo de ocupar espaço na indústria fonográfica. Já as famosas marcas talibãs no mercado editorial não foram tão cruéis quanto foram para outros segmentos, mas passaram a incomodar.

Qual deveria ser o papel de RH diante desse cenário?

Motivar, treinar, transmitir confiança, preparar os talentos, capacitar os gestores e, mais do que nunca, cuidar para que a criatividade se espalhasse pela organização. Não se faz isso sem uma boa política de remuneração. E esta sempre fora um tópico fundamental no item Retenção de Talentos, no conjunto do novo fluxo de Recursos Humanos que havíamos desenhado.

Quando assumi, no começo dos anos 1990, não havia nenhuma regra ou política objetiva de remuneração. Eram fatores muito subjetivos que determinavam os poucos critérios de remuneração existentes. Esse foi o primeiro assunto que discuti com o executivo especializado que viera integrar a equipe.

— Além da definição de uma regra clara, precisamos de uma política de remuneração que possa e deva ser divulgada para toda a empresa — recomendei a ele. — Precisamos ainda de uma política de bônus, mas com critérios igualmente transparentes — acrescentei.

Contando com a ajuda de diversas consultorias e com a experiência e motivação daquele executivo, estabelecemos uma política de bônus cuja coluna mestra era a avaliação de desempenho, com objetivos individuais alinhados aos resultados da empresa.

O primeiro entrave a ser vencido era interno: cada unidade tinha seu próprio critério de bonificação, sendo que nenhum desses critérios se encontrava atrelado a produtividade ou desempenho. Dependiam mais do humor do gestor da área e das condições momentâneas de seu caixa. Ao atrelar o bônus aos resultados gerais da organização, obtivemos uma política mais justa, que vigora até hoje.

Fato inédito nesse setor, a nova política de remuneração variável e que incluía participação nos resultados passou a ser uma prática estendida a todos os funcionários, desde o alto escalão até a base.

Dentro desse tópico, vale lembrar que a empresa foi a primeira do setor de comunicação no país a adotar um plano de previdência privada.

Na época, só algumas estatais e multinacionais o tinham. Passou a ser um grande fator de retenção dos talentos, sobretudo no núcleo criativo. É fácil entender por quê. Embora isso esteja mudando muito nos últimos tempos, havia um pouco de verdade naquele clichê segundo o qual pessoas criativas não têm tempo — nem a disciplina requerida — para pensar em dinheiro e menos ainda para planejar o futuro.

Ao divulgarmos o plano, enfatizamos justamente o aspecto de que ele era um novo e eficaz mecanismo de poupança. Sabíamos muito pouco sobre previdência. Não demoramos a perceber que seria possível estimular as pessoas a também organizarem suas carreiras a partir desse plano de previdência.

O plano previa uma contribuição mínima. Curiosamente, o pessoal do núcleo criativo foi quem entrou com as maiores participações, além da contribuição básica. Lembro-me de, à época, receber em minha sala jornalistas, *designers* e fotógrafos renomados que, embora longe da hora de pendurar as chuteiras, queriam discutir suas carreiras dentro da organização em função do plano previdenciário.

37

Carreira em Y: parte II

Desde o início, pude perceber algumas distorções no modo como as carreiras começavam e se desenvolviam dentro do núcleo criativo.

Se o diretor de determinada publicação tivesse problema para reter um talento e, por essa razão, precisasse dar-lhe um aumento salarial, a primeira dificuldade que enfrentava era não ter alguém especializado no assunto com quem pudesse discutir a questão.

Não existia ainda o conceito de consultoria, que só implantaríamos e aperfeiçoaríamos depois. Apenas a título de ilustração, esse conceito consiste em manter profissionais de recursos humanos nas linhas de frente da organização a fim de ajudar os gestores em relação a todas as questões que envolvam pessoas.

E, finalmente, como não havia um programa oficial de planejamento de carreira, o gestor, necessitando promover aquele talento que estava prestes a perder, fazia a promoção segundo a hierarquia natural de uma redação.

Assim, excelentes repórteres viravam precocemente editores ou redatores-chefes inadequados, porque não havia forma de continuar crescendo na sua especialidade.

Muitas vezes, tudo o que um bom repórter queria era continuar sendo um repórter ainda melhor, mas, para ter um aumento e uma promoção, tinha que virar editor ou assumir funções ainda mais gerenciais.

Aqui, assim como naquela empresa de tecnologia e computação, o sistema de carreira em Y, com uma base comum (repórter I, *designer* I ou fotógrafo I), uma perna especializada (repórter II, repórter III, repórter especial) e uma perna gerencial (editor, editor II, redator-chefe, diretor de redação) seria a solução ideal.

Implantado nas redações, o modelo, em vigor até hoje, estendeu-se para as principais carreiras da empresa. Mais uma vez, mostrou-se ideal para ambientes criativos.

38

Um portal para o conhecimento

Totalmente informatizada já em meados dos anos 1990, a empresa podia, a partir de então, contar com os benefícios da Tecnologia da Informação (TI) tanto na questão da gestão da comunicação interna quanto na questão da gestão do conhecimento.

Ainda em 1996, a empresa foi uma das primeiras do país a lançar uma rede interna de computadores — uma intranet.

Sob a responsabilidade da área de Tecnologia de Informação, a rede se construiu numa profusão de sistemas e sem uma base padronizada. O conteúdo, por sua vez, era publicado de forma anárquica, o que dificultava o controle de sua qualidade e de sua relevância. Mesmo assim, em pouco tempo, a rede já apresentava as características que hoje definem os chamados portais corporativos.

Ferramenta de uso corporativo, a intranet, graças a uma bem-sucedida sinergia com a área de TI, passou a ser, também em pouco tempo, um formidável braço eletrônico da área de Recursos Humanos.

Além de disponibilizar um serviço que permite ao funcionário acompanhar todo o seu relacionamento com a empresa (holerites, *status* dos benefícios, cálculos e recibo de férias), o sistema *on-line* de RH oferece todas as ferramentas de que o gestor necessita para ter o seu dia-a-dia facilitado.

Há, por exemplo, o Busca-Talento, em que se pode encontrar o perfil ideal para preencher uma vaga disponível. Esse sistema facilita e democratiza a movimentação interna. Mas foi na área de Comunicação e de Gestão do Conhecimento que o RH soube explorar com mais criatividade e relevância o potencial da rede.

Ainda no final da década passada, a intranet já era acessível a 60% da população da empresa. Foi quando a área de Comunicação Interna lançou a versão *on-line* de seu principal veículo. Em vez de simplesmente reproduzir na rede o conteúdo impresso, passou a fornecer uma cobertura quase em tempo real de tudo o que acontecia nos meandros da empresa. E, para não ficar apenas naquilo que poderíamos chamar de *hardnews* corporativas, a área de Comunicação Interna, sem orçamento para coberturas e produção de matérias mais complexas, começou a usar os próprios talentos da companhia para incrementar a oferta de conteúdo. Por exemplo, quando um executivo viajava para uma feira ou um jornalista fosse participar de um congresso, ele era assediado pela área de Comunicação Interna, que o transformava numa espécie de correspondente improvisado.

Com soluções pouco ou nada dispendiosas, eficientes e criativas como essas, a versão *on-line* do principal veículo conquistou público e credibilidade. E isso forçou a versão impressa a se renovar.

Igualmente digna de nota foi a exploração da intranet como ferramenta de gestão do conhecimento. Aqui o desafio era: como a rede de computadores poderia contribuir para nos ajudar a registrar, organizar e disponibilizar, se não todo, ao menos parte do conhecimento da empresa? Mais que isso, como a rede poderia nos ajudar a transformar em explícito o conhecimento tácito?

Embora tivéssemos como premissa o fato de que não adiantava manualizar o conhecimento que a empresa detinha, pois ele, o conhecimento, estava nas pessoas, planejamos criar um sistema *on-line*, que desse conta de quatro esferas fundamentais dentro do escopo do nosso fluxo de gestão de Recursos Humanos. Essas esferas eram:

- aprendizagem;
- melhores práticas;
- suporte ao desempenho;
- comunidades.

No primeiro caso, tratava-se de disponibilizar cursos *on-line*, informações sobre ações e atividades de treinamento e desenvolvimento.

No segundo caso, o esforço deveria ser no sentido de disponibilizar ferramentas *on-line* que estimulassem os funcionários a compartilhar suas idéias, dividir suas gavetas.

Suporte ao desempenho significava disponibilizar uma série de cursos e dicas rápidas que pudessem servir de auxílio instantâneo e imediato aos colaboradores, principalmente dos gestores.

Comunidades, por fim, tratava de criar *sites* e ferramentas de apoio aos grupos de trabalho, comitês etc.

O sistema deveria ainda disponibilizar para os gestores de Recursos Humanos um LMS (Learning Management System) que fosse dotado de dois dispositivos básicos: a) sistema de auto-inscrição nos cursos e programas internos e externos e b) informações gerenciais para geração de indicadores de T&D.

Com essas orientações básicas e um *webdesign* bastante atraente, esse portal do conhecimento foi lançado em 2002, disponibilizando, entre outros conteúdos, 32 cursos da série Harvard ManagerMentor grátis para os funcionários.

Em seus primeiros três meses, 3 mil funcionários, de um universo de pouco mais de 6 mil, cadastraram-se no sistema. Com uma campanha de incentivo para estimular o acesso, em menos de um ano o portal havia sido incorporado à rotina dos funcionários.

Entre as suas ferramentas de maior acesso, estava uma área em que o funcionário podia se cadastrar para dar aulas voluntárias sobre um assunto de seu domínio. Isso estimulou a formação de grupos de estudo de idiomas, literatura, informática e outros temas.

Com uma fantástica biblioteca *on-line* que armazena e disponibiliza o histórico de quase tudo que se faz ou que se pensa na empresa, o portal transformou-se num *case* de sucesso.

Em 2003, esse *case* figurou no livro *Gestão do conhecimento na prática**, de Cyrineu Terra. Internamente passou a ser, além do braço *on-line* da Universidade Corporativa da companhia, um forte aliado nos esforços da presidência executiva em disseminar entre os colaboradores um forte espírito de trabalho colaborativo.

Claro, o conhecimento está de fato nas pessoas. E quando elas vão embora da empresa, levam consigo esse conhecimento. Com o portal, a idéia é que elas possam deixar um pouco desse conhecimento compartilhado no sistema.

O sonho último que sempre esteve por trás desse projeto é transformar o sistema num verdadeiro depositório da inteligência da empresa, armazenando conhecimento relevante para a geração de riquezas, de modo que esse conhecimento possa ser apropriado e reaplicado nos negócios.

---

* *Gestão do conhecimento na prática — 39 casos.* São Paulo: Negócio Editora, 2003.

39

A energia da auto-instrução

O portal do conhecimento está inserido no contexto de uma política de crescimento profissional dentro da organização.

A partir da orientação de que, de fato, o responsável pela sua carreira é o próprio funcionário, a política fornece um conjunto de recomendações capazes de ajudá-lo a galgar novos degraus. Entre outras teses, o documento prega que toda maneira de aprender vale a pena e que, portanto, conhecimento não se adquire somente em sala de aula.

Outro item do documento sugere o autotreinamento como uma das formas válidas de aprendizado. E essa sugestão não teve origem em nenhuma tese ou teoria externa. Ela se inspira numa prática louvável que teve início dentro do núcleo criativo.

Diante da necessidade de introduzir a linguagem da infografia nas publicações da casa, um diretor de arte foi enviado à Europa para fazer o melhor curso do mercado sobre o assunto.

Depois de passar um mês estudando essa linguagem — que combina desenho, fotografia e texto, e que é própria sobretudo para explicar questões científicas e mostrar como as coisas funcionam por dentro —, aquele diretor voltou cheio de conhecimento e entusiasmo.

Mais do que aplicar aquilo que havia aprendido às publicações de sua unidade, sentiu a necessidade de partilhar com seus colegas de ofício o que havia aprendido. Organizou uma pequena apresentação para um grupo de dez *designers*. Logo, precisou organizar mais uma. E mais uma e assim por diante até que fundou o clube da infografia.

Daí nasceria dentro do núcleo criativo o conceito de clubes de autotreinamento. Viriam depois outros clubes, tais como o de texto, o de reportagem e o de fotografia.

No RH, percebemos a tremenda energia e a disposição que havia na empresa para a auto-instrução. Com a Internet, essa energia pode ser usada de forma dispersiva e inadequada para o funcionário e para a empresa. Afinal, é possível passar o dia inteiro na rede fazendo curso disso e daquilo, lendo este ou aquele artigo, integrando-se a este ou àquele grupo de estudo ou de discussão.

Uma das estratégias do portal do conhecimento e de suas extensões, como *newsletters, e-mails* etc., é justamente canalizar essa energia de modo a prender a atenção do funcionário na esfera de temas relacionados com o mundo da empresa e dos mercados em que ela está inserida. É preciso ficar claro, no entanto, que a idéia não é manter o tempo todo o funcionário mergulhado e inserido na cultura da empresa. Isso, aliás, é absolutamente desaconselhável. Quanto mais respirar outros ares, conhecer outras culturas organizacionais, olhar para além da janela do prédio em que trabalha, mais oxigenada estará sua capacidade de inovação.

Em 2003, ao introduzirmos na organização o conceito de Universidade Corporativa, criamos dentro dela uma área dedicada ao estímulo às atividades de autotreinamento. Mais do que estimulá-las, essa área apóia logisticamente e alinha tais atividades às necessidades dos negócios. Dessa maneira, uma melhor prática nascida dentro do núcleo criativo e explorada exclusivamente por ele passou a ser disseminada pelo resto da organização. Assim, funcionários de diversas outras áreas já usam o modelo e a estrutura dos clubes de autotreinamento para se reciclar e se atualizar. Mais uma vez, temos o resto da empresa respirando algo que era exclusivo do núcleo criativo.

40

Equipes multidisciplinares: descoberta da pólvora

Se a implantação de um sistema de avaliação próprio e adaptado à realidade da organização contribuíra decisivamente para alinhar a gestão de pessoas à estratégia dos negócios — e enormemente para ajudar a sanar as dificuldades de comunicação interpessoal, vertical e horizontal —, a distância entre o núcleo criativo e o restante da empresa ainda era grande até o ano de 1999, quando instituímos um sofisticado e potente curso de gestão para os níveis executivo e gerencial.

Uma das grandes conquistas da minha gestão à frente dessa empresa, esse curso, que era uma espécie de "MBA *in company*", mexeu com as estruturas da organização.

Em sua primeira edição, imergimos num hotel afastado de São Paulo cinqüenta executivos de todas as áreas; da Igreja e do Estado; de operações industriais e de logística.

Logo no primeiro dia, o debate entre Igreja e Estado esquentou a ponto de ameaçar a continuidade do próprio curso.

Reivindicando exclusivamente para si toda a tradição ética da empresa, como se fossem eles os únicos detentores e guardiões da integridade e da lisura, os criativos provocaram a ira dos demais representantes da empresa. Estes, acertadamente, defendiam a tese de que ética e integridade eram bens comuns de toda a organização e que, portanto, a Igreja não precisava se comportar como uma vestal que, para não perder a honestidade, tem que se colocar numa redoma.

Foi um debate caloroso e rico. E ele prosseguiria em outras instâncias e em outros fóruns, muitos deles criados no âmbito do próprio RH. Mas a partir daquela catarse, as premissas que embalavam as discussões já eram outras. Mais civilizadas, menos presunçosas.

O curso, no entanto, ainda tinha muito mais para oferecer em relação à aproximação colaborativa entre os profissionais da empresa. Além das aulas, palestras e conferências sobre *marketing*, finanças e outras disciplinas da administração, o programa do curso oferecia ainda um *look inside*, no qual os gestores de cada uma das unidades da empresa tinham que apresentar e explicar o que era a sua área, o que ela fazia — e como — e que valores agregava à organização.

Foi uma troca de informações sem precedente. As áreas corporativas também tinham que se apresentar.

Ao apresentar o RH, no tópico sobre os benefícios, em particular a nova política de bônus, um jornalista de uma importante publicação da empresa mostrou-se surpreso pelo fato de a sua unidade ter um sistema próprio de bonificação, o qual ele achava inadequado e injusto. A partir dessa apresentação, passou a defender a introdução da política corporativa de bônus em sua unidade. Foi bem-sucedido. Caiu o último reduto de resistência àquele programa de remuneração.

Mais tarde, uma pesquisa de clima revelaria que os bonificáveis daquela unidade viam mais justiça na nova do que na antiga política. E era fácil entender o motivo: com a política antiga, o bônus não estava atrelado a nenhum critério de resultados. Dessa forma, as brechas para a injustiça eram enormes.

Formalmente, no entanto, a maior contribuição daquele curso foi a introdução na companhia do conceito de grupos multidisciplinares. Uma verdadeira descoberta da pólvora.

Os executivos que compunham a primeira turma do curso foram agrupados em cinco equipes multidisciplinares de modo que cada uma tivesse profissionais das mais diversas formações.

Numa equipe reuniu-se, por exemplo, um jornalista, um apresentador de TV, um engenheiro do parque gráfico, um financeiro, um publicitário e assim por diante. Cada uma dessas equipes era incumbida de desenvolver um projeto aplicativo sobre um tema de extrema importância e urgência estratégica.

Definidos prévia e cuidadosamente pela direção, os temas iam desde o desafio de criar uma nova publicação até a elaboração de uma estratégia para explorar um novo segmento de mercado. E a primeira turma do curso, que ocorre anualmente desde então, entraria para a história. Um dos grupos multidisciplinares recebera a missão de criar um tipo de publicação dirigida à mulher das classes menos privilegiadas. Essa publicação teria que custar, no máximo, 1 real. Além disso, precisava ser extremamente relevante para aquele tipo de leitora.

O projeto não só foi aplicado na prática como se transformou num grande sucesso editorial. De resto, a convivência entre os executivos ao longo dos três meses de curso deflagrou uma até então inédita troca de idéias entre eles. Uma sinergia contagiante passou a correr solta nas veias da empresa.

Por meio da educação corporativa, íamos conquistando espaços na organização, e a diversidade cultural e criativa começava a ser, enfim, adequadamente capitalizada.

Com a conquista desses espaços e o respeito do núcleo criativo, até a área de desenvolvimento editorial, responsável entre outros programas por um tradicional e famoso curso de jornalismo periódico, seria transferida para o RH, com a implantação de um embrião de universidade corporativa.

41

Trabalhar, estudar e se divertir, tudo ao mesmo tempo agora, ou o *case* da universidade corporativa

Com um programa de *trainees* para posições gerenciais e criativas competitivo o suficiente para atrair uma média anual de 24 mil recém-formados nas melhores escolas do país — e entre eles selecionar os 14 melhores; um programa de estágio para todas as carreiras com orientação *on the job*; um curso capaz de atrair os melhores talentos jornalísticos e artísticos vindos de todos os cantos do Brasil e até do exterior para trabalhar nos núcleos criativos; um programa de mentoria em que os executivos se ajudam mutuamente a planejar a carreira e a crescer na empresa; planos estruturados de carreira e um dos melhores conjuntos de benefícios do mercado —, faltava no nosso fluxo de gestão de Recursos Humanos uma área especializada que pudesse concentrar e integrar todas as ações de treinamento e desenvolvimento pulverizadas pela companhia.

Faltava uma universidade corporativa. Na verdade, sua pedra fundamental fora lançada com a criação do curso de gestão ao qual já me referi.

Mas, agora, era preciso explorar de forma mais estruturada e abrangente o conceito de *learning organization.* Ou seja, era preciso criar algo que fosse maior do que uma "escolinha" tradicional para executivos.

- Precisava ser algo que ajudasse a empresa a aprender e a gerir o seu conhecimento.
- Precisava ser algo que trouxesse oportunidades para todos os funcionários.
- Precisava ser algo criativo, que não dependesse de investimento significativo.
- Precisava ser algo que nascesse de maneira alinhada à cultura de controle de custos e foco na produtividade. Algo que soubesse reaproveitar os recursos da corporação. E que soubesse dialogar com o mercado e as instituições de ensino, a fim de estabelecer parcerias, sinergia e diálogo com outras empresas, outras instituições, outros ares.

O cenário, no entanto, era difícil. Estamos falando dos primeiros dois anos da década de 2000. Um espectro de crise, tensão e insegurança rondava o ambiente.

Num momento em que a empresa vivia um de seus mais espetaculares *turnaround* — processo liderado pela presidência executiva entre os anos de 2001 e 2003 e que sanearia as finanças da companhia —, a solução para se chegar ao modelo de universidade corporativa descrito nos tópicos acima só poderia estar mesmo nas pessoas.

Recorrendo àquele conceito de equipe multidisciplinar, montamos um grupo composto de pessoas da área de Recursos Humanos especializadas em treinamento, profissionais da área de treinamento do núcleo criativo, além de especialistas de duas das melhores universidades do país. Poucas vezes trabalhei com um grupo tão talentoso. Eles fizeram o projeto ser ainda mais empolgante do que já era.

Entretanto, depois de longos meses de trabalho, eles apresentaram uma proposta que, no fundo, reproduzia dentro da organização o modelo convencional de universidade.

E não queríamos — nem precisávamos — de um oásis acadêmico dentro da organização.

Era preciso, portanto, um modelo que não reproduzisse os vícios, o *timing* e as idiossincrasias acadêmicas.

Queríamos, sim, algo moderno e dinâmico, que acompanhasse o espírito moderno segundo o qual trabalhar, aprender e se divertir estão se transformando em uma coisa só.

Finalmente, em meados de 2002, o grupo acertou o passo e foi possível implantar a universidade corporativa, que, no entanto, não nasceu com esse nome.

— É pretensioso — observou o presidente da companhia. — Aliás, poucas instituições merecem esse termo — pontuou.

Ele estava certo. Não se tratava mesmo de uma instituição de ensino superior que compreende um conjunto de faculdades ou escolas para a especialização profissional e científica, e tem por função precípua garantir a conservação e o progresso nos diversos ramos do conhecimento, pelo ensino e pela pesquisa. Tratava-se, na verdade, da criação de um núcleo localizado no seio da área de Recursos Humanos com a proposta de centralizar e coordenar as atividades de educação e treinamento da companhia.

Além de suprir as necessidades prioritárias de treinamento, esse núcleo tinha como missão mais nobre formar os profissionais de que a empresa precisava e iria precisar.

Entre seus principais objetivos, o núcleo deveria planejar e priorizar o atendimento das necessidades atuais e futuras de forma integrada; identificar de maneira clara e objetiva as necessidades dos negócios e das pessoas, trabalhar as competências específicas do negócio; e focar nas ações de treinamento e desenvolvimento de acordo com os diferentes públicos.

Com uma estrutura enxuta, o núcleo acabaria fazendo, em pouco tempo, muito mais do que o estabelecido nesses objetivos.

Estruturado em coordenadorias para atender de forma segmentada as diversas tribos da empresa, nossa universidade corporativa — isto é, nosso núcleo de desenvolvimento profissional — enfatizou a oferta de cursos e programas que atendessem às necessidades comuns dos diversos públicos.

E entre essas necessidades comuns estavam, em primeiro lugar, duas exigências: aumentar o nível de conhecimento e informação sobre a própria empresa e incentivar o desenvolvimento da sensibilidade e da bagagem cultural dos funcionários como um todo e, em especial, dos executivos.

Nesse sentido, a primeira grande ação de treinamento promovida em conjunto por todas as coordenadorias do núcleo mobilizaria e encantaria a empresa.

Tratou-se de uma maratona de palestras, fóruns, oficinas, *workshops* e debates ao longo de uma semana. Proporcionou aos funcionários uma visão integrada e atualizada da empresa, de seus negócios e de seus mercados.

Essa ação foi inspirada em outro movimento do nosso inquieto RH, que, três anos antes, havia levado para dentro da empresa quarenta dos cem maiores *players* da Internet brasileira para falar do futuro da rede no país.

A maratona de conhecimento organizada pelo núcleo promoveu 26 encontros inesquecíveis. Neles, os funcionários puderam participar de discussões intensas e acaloradas sobre estilos de gestão, conceitos de talento, bastidores das últimas decisões importantes tomadas na empresa, além de ficar por dentro dos projetos futuros e conhecer o funcionamento de outras áreas que não a sua própria.

Ao longo da semana, alguns funcionários também puderam trocar de papel. Por sete dias, jornalista virou analista financeiro, analista financeiro virou publicitário, consultora de RH virou atendente de *telemarketing* e assim por diante.

A ação envolveu diretamente três mil funcionários. Quem não pôde participar ao vivo, como foi o caso dos funcionários dos endereços regionais da empresa, acompanhou pela intranet, no portal que é o braço eletrônico do núcleo. A maratona funcionou sobretudo como motivação e aproximação entre as pessoas.

"Quando se sabe o porquê das coisas, quando se enxerga com transparência o que os outros estão fazendo e como aquilo que eu próprio faço se insere no contexto geral da organização, sentimo-nos mais preparados e motivados para buscar resultados", escreveu um funcionário num *e-mail* que me enviou.

Com muito a fazer e um orçamento apertado devido ao rigoroso planejamento operacional que a empresa passou a fazer desde o seu *turnaround*, a universidade corporativa soube usar a criatividade do ambiente a seu favor — e a favor de toda a empresa, claro.

Para iniciar, começou a explorar melhor as fantásticas instalações e os recursos do prédio para o qual a empresa se mudara em 1997. Passou a gerenciar seu auditório, suas salas de reuniões e os demais espaços onde se podia realizar treinamento. As atividades passaram a ser tão intensas e atrativas que poderiam até desviar a atenção dos funcionários de seus afazeres normais. Mas isso não acontecia por um motivo simples e prosaicamente criativo.

Um dos coordenadores da universidade havia tido, logo em seu início, a seguinte idéia: com base na composição dos profissionais da empresa — grande parte deles os maiores formadores de opinião do país —, passou a convidar figuras de renome do mundo intelectual e artístico para falar numa espécie de *talk show* ao vivo e aberto à participação de todos os funcionários que se interessassem.

O detalhe é que esse programa ocorria ao meio-dia, com a clara proposta de barganhar, uma vez por mês, o horário do almoço por um momento de cultura e conhecimento. Outro detalhe é que, dada a qualificação do público da empresa, não se pagava cachê, eventualmente passagem e hospedagem quando o convidado era de fora. Com participações como as do cineasta Fernando Meirelles, do economista e ensaísta Eduardo Giannetti, da *best-seller* Lya Luft, do reservado documentarista João Moreira Salles, do jornalista Octavio Frias, do formidável Daniel Filho, do conceituado repórter Caco Barcellos, entre outros nomes de destaque, o programa foi um sucesso interno e externo.

A média de público desses encontros é de 120 pessoas por edição, sendo que alguns *blockbusters*, como Paulo Coelho e Fernando Henrique, demandaram transmissão para outras salas. E inspirou as demais coordenadorias do núcleo a usarem os horários fora do expediente para as atividades de treinamento e desenvolvimento não obrigatórias.

Assim, as atividades e ações voltadas para a aquisição de bagagem cultural, autodesenvolvimento e autotreinamento passaram a ser realizadas no horário do almoço e/ou logo depois do expediente, no comecinho da noite. Instaurara-se na organização um alegre e profícuo clima de *campus* universitário.

Ainda na linha de aproveitamento dos recursos da empresa, o núcleo empreendeu outra ação fundamental que está contribuindo para a sedimentação da cultura do compartilhamento de conhecimento.

Trata-se de um programa que seleciona 12 funcionários que, ao longo do ano, um a cada mês, ministra aula para seus colegas sobre um tema que domina fora de sua formação profissional.

Já passou pelo programa, por exemplo, um jornalista, diretor do grupo de publicações populares que, nas horas vagas, costuma atravessar o Atlântico com seu veleiro. Ele deu uma aula comparando os desafios de um velejador com os de um diretor de redação.

Já um diretor de *marketing* ministrou uma insuspeitada e concorridíssima palestra sobre o espiritismo, enquanto um terceiro deu uma aula formidável sobre carreira para os filhos dos funcionários. Sim, sempre fez parte do escopo do nosso modelo de Recursos Humanos estender para a cadeia de valor da empresa o fantástico mundo do conhecimento de seus colaboradores.

42

Por um executivo humanista

Com a ótima acolhida do *talk show* do meio-dia e com nossa equipe cada vez mais convicta de que a empregabilidade depende tanto da capacitação técnica quanto da formação generalista e humanista, o núcleo de desenvolvimento de profissionais encontrou espaço para lançar um programa de cultura mais estruturado e mais focado no público executivo e gerencial.

Filosofia, sociologia, antropologia, letras, cada uma com seu foco, as ciências humanas trilham diferentes caminhos na mesma direção: ampliar a compreensão da realidade sobre nós mesmos e sobre o mundo que nos cerca.

Acreditando que essa compreensão seja vital para o desenvolvimento e o aperfeiçoamento dos gestores modernos, o núcleo formatou um curso livre de humanidades, com um módulo inteiramente dedicado à história da filosofia (ministrado por 18 professores de três das melhores e maiores universidades do país: USP, Unicamp e PUC), outro módulo sobre a cultura brasileira, um terceiro sobre as vanguardas e, finalmente, um módulo chamado Os Escritores. Do programa constam ainda uma série de *workshops*, tais como Lógica para Principiantes, Estética para Principiantes etc.

Como a idéia do curso chegou em tempos bicudos, a solução para realizá-lo foi convidar outras empresas para entrarem como parceiras, já que a tese da formação generalista complementar é válida para executivos de qualquer setor e não apenas do setor de mídia, do setor criativo. Duas das maiores empresas do país não titubearam em entrar na parceria. Contribuíram com os custos de produção em troca de vagas para seus executivos.

O curso, com vagas limitadas, foi oferecido, em sua primeira edição, apenas para o corpo executivo. O retorno foi excepcional. As vagas disponíveis foram disputadas, cada uma por 2,4 executivos-candidatos.

O curso, que foi filmado e virou programa de uma emissora de televisão pública, encantou a empresa, embora muita gente não conseguisse ver com clareza quais poderiam ser seus benefícios para a empresa.

— Mas, afinal, o que um curso de humanidades pode fazer pelos nossos negócios? — perguntou uma jornalista.

Muitas respostas poderiam ser dadas. Inclusive, por exemplo, ter citado uma publicação que, ao noticiar o curso, recorreu a Freud para lembrar que só o "conhecimento traz o poder". Mas esse seria um caminho complicado porque, dependendo do ponto de vista, o conhecimento também pode trazer infelicidade e desconforto.

Poderia ainda argumentar que treinar um executivo em lógica e em estética aguça sua capacidade crítica e lapida sua verve argumentativa. Talvez valesse a pena dizer que, ao conhecer melhor o Brasil, sua cultura e o seu povo, o executivo certamente estaria mais apto a compreender que produto ou serviço poderia agradar ou não a esse povo e assim por diante.

Poderia ainda defender a idéia comum de que pessoas criativas e afeitas a grandes sacadas e a boas intuições são, normalmente, pessoas cultas, lidas, consumidoras de leitura, arte, filosofia.

Deveria dizer, talvez, que só o estudo das humanidades pode nos preparar para fazer perguntas, para analisar se um problema existe de fato antes de arranjar-lhe uma solução. E, se há uma coisa que acaba com a saúde das empresas, é o perigoso hábito de arranjar boas e caras soluções para falsos problemas. E, citando um executivo da minha equipe, "o que melhor do que a filosofia para nos ajudar a problematizar?".

Poderia também tentar algo como "conhecimento traz mais qualidade de vida". Ou então: "o exemplo do rigor filosófico pode ser inspirador para se evitar erros". Mas, como jornalista sempre espera uma resposta mais espetaculosa, saí-me com esta: "Se não me falha a memória, Alexandre, o Grande, só se tornou um dos maiores conquistadores de todos os tempos porque teve Aristóteles como preceptor."

43

A conquista de espaços formais

Mais de 13 anos depois de ter chegado a esse ambiente criativo, complexo, inspirador, estressante e fascinante com a missão de alinhar os movimentos da área de Recursos Humanos aos seus objetivos estratégicos, acredito que o grosso da lição de casa esteja feito. Isso só aconteceu, no entanto, porque não se tratava de uma prova individual, mas sim de uma prova em grupo, com direito a consultar a matéria dada.

Não cabe a mim, óbvio, atribuir nota ao trabalho que foi entregue aos mestres, mas, somadas umas coisas e outras, creio haver um saldo positivo. Um saldo conquistado graças às condições favoráveis e objetivas que nos foram dadas, a mim e à minha equipe.

Só agimos quando sentimos que as condições objetivas dadas levariam nossas ações a surtir resultados.

Quando atuamos além dos nossos domínios convencionais — como no caso da reengenharia ou na elaboração conceitual de um ambicioso projeto de um instituto cultural —, só o fizemos porque podíamos contar na equipe com pessoas preparadas para isso, pessoas ligadas ou *experts* no assunto.

Em RH ou em qualquer outra área, podemos ir até onde for o preparo e a qualificação dos profissionais que compõem a nossa equipe.

Crescemos quando a empresa cresceu. Encolhemos quando a empresa encolheu. Conquistamos espaços existentes e inventamos outros para ocupar. Fracassamos e erramos na proporção exata de ter a chance de buscar a recuperação depois de aprender com os erros.

E tudo isso fizemos não de forma isolada e unilateral, mas dialogando com outros movimentos de Gestão em Recursos Humanos do mercado, ajudando a soterrar de vez velhas idéias, como "o topo não apóia os programas de RH", "a área de RH não entende do negócio", "o discurso de gestão de pessoas é diferente na prática", "bônus é só para os bacanas", "executivo bom é o tigrão", "políticas de RH não conseguem se atrelar à estratégia da empresa", "treinamento e desenvolvimento só se fazem na sala de aula e custam muito dinheiro" e muitas outras asserções obscurantistas que, graças a uma renovada geração de profissionais de RH, estão ficando para trás.

E o saldo positivo de que falei acima pode ser percebido hoje dentro da empresa, tanto nas suas ações mais rotineiras quanto nas grandes tomadas de decisão.

Em qualquer atividade na linha de frente, o gestor pode contar com o apoio intelectual, deliberativo, reflexivo e/ou logístico da área de Recursos Humanos. O ambiente que se respira hoje dentro da organização está impregnado da saudável busca de resultados. E o RH contribuiu para criar esse ambiente, pois antes, sobretudo no seio do núcleo criativo, parecia "feio" pensar em resultados.

Outra conquista que aumenta ainda mais o saldo positivo da empreitada é o fato de a área de Recursos Humanos ter se tornado atrativa também para os profissionais do núcleo criativo. Tanto é que a equipe de RH já incorpora conceituados jornalistas e até *designers*. A conquista desses espaços formais, entretanto, não significa uma panacéia. Os desafios continuam imensos. E qual o maior desafio de um ambiente criativo, seja este ambiente uma empresa brasileira, uma americana ou uma européia? Conseguir espaços criativos sem perder a disciplina que o negócio requer. Mas como fazer a ponte entre a rigidez e a disciplina do negócio e a liberdade e os espaços mais abertos da criatividade?

Creio que uma boa maneira de começar a construir essa ponte é deixar de lado a velha maneira de pensar uma coisa em oposição a outra, não dividir o mundo entre criativos e não-criativos, não romantizar e endeusar desavisadamente a criatividade nem demonizar a *priori* aquilo que se imagina estéril.

Um *videomaker* pode ser criativo. Um contador também. Para gerar resultados, o ambiente criativo precisa de ambos.

Minhas crenças sobre ambientes criativos

- Um bom presidente executivo e uma área de Recursos Humanos que pensa a organização como um todo formam a dobradinha perfeita para conduzir, com sucesso, qualquer processo de mudança.

- A classe criativa não pode se organizar como gueto dentro da organização; se o fizer, perdem os criativos e a empresa.

- Os talentos criativos têm de estar em todos os poros e em todas as carreiras da empresa.

- Ser talento criativo só não basta: é preciso ser treinado.

- Ser talento criativo só não basta: é preciso ser ético.

- Ser talento criativo só não basta: é preciso ser humilde.

- O ambiente criativo não pode ser muito regrado, mas precisa ter controle das atividades.

- O ambiente criativo deve ter lugar para todos os tipos: os que usam *piercing*, rabo-de-cavalo e os que usam terno.

- No ambiente criativo ou fora dele, das competências executivas, a que vale e faz diferença é a qualidade na gestão da equipe.

- Não tenha medo nem vergonha de ser político e até preciosista nos relacionamentos corporativos. É preciso ser cuidadoso para não ferir suscetibilidades. Por isso, jamais economize tempo quando o assunto for pessoas.

Segunda Parte

O novo *timing* das mudanças organizacionais

1

As pessoas e as mudanças

> "A mudança tem que ser orquestrada, no ritmo que as pessoas agüentam, senão elas a abortam. Não pode ser feita a qualquer custo; é fazê-la respeitando os tempos, os processos, para que não caia no descrédito. Aprendi isso com José Wilson Paschoal."
>
> Roseli Parrela (diretora de RH da DirecTV)

Era uma vez um executivo talentoso, esforçado e honesto. À frente de uma das mais importantes operações de um grande grupo de mídia, ele era um verdadeiro mestre na arte de buscar e apresentar resultados. Portanto, dentro da estrutura da organização, quem o visse à distância, enxergava-o como um dos seus pilares, o que de fato era. De perto, no entanto, pagava a fama de ser de difícil trato.

Aqui, o que importa, porém, é que ele tinha uma meta, um objetivo. Viam-no como um profissional "sistemático" e emérito cumpridor dos rituais hierárquicos. Queria o topo e, uma vez lá, queria usufruir todas as benesses que, à época, o topo podia conferir a um executivo. Com uma nova direção, a empresa passa por uma tremenda reestruturação e, bingo, o nosso herói dá um salto monumental em sua carreira. Nomeado a um posto que estava a apenas uma posição do primeiro homem da companhia, ele, finalmente, entrara naquela faixa que dá direito a benefícios diferenciados.

Mais importante ainda eram a nova sala, num dos últimos andares do espigão, e a cadeira cativa no *board*, no centro de decisão. Há poucos meses usufruindo tudo aquilo que com muita justiça conquistara, nosso personagem continuava sonhando com mais. Queria mesmo o topo. No seu caminho, pensava ele, nenhum obstáculo significativo, apenas mais uma daquelas mudanças organizacionais que modifiquem tudo para tudo permanecer exatamente onde está. O problema é que, dessa vez, a mudança incorporaria novos elementos à cultura da empresa, cujos valores básicos permaneceriam intocados, mas inseridos agora numa nova mentalidade, numa nova visão, sobretudo no que tange ao estabelecimento de prioridades e urgências.

A mudança também traria uma novidade sintomática: a qualificação das lideranças mais como gestores de pessoas do que como gestores de produtos ou negócios. No pacote, estava incluído também um forte pacto de contenção de custos e despesas estabelecido entre a empresa e suas principais lideranças. O objetivo era equacionar o endividamento que a empresa contraíra nos seus últimos movimentos de expansão e crescimento e aumentar a rentabilidade de 7% para 15%, no primeiro ano, e de 15% para 20% nos dois anos seguintes.

Havia ainda algo mais drástico: o quadro de colaboradores, àquela altura contando com aproximadamente nove mil pessoas, teria que ser reduzido em quase um terço. Nesse clima faiscante — mas ao mesmo tempo contagiante devido ao fato de que a empresa estava extremamente unida e, como nunca, determinada a fazer seu dever de casa, buscando eficiência e resultados —, nosso herói se viu chamado a participar dos esforços de contenção de despesas e a colocar o foco de sua gestão nas pessoas.

Isso significa que ele teria que deixar de lado seu fascínio pela hierarquia, mergulhar no horizontalizado mundo do trabalho em equipe e ajudar a empresa a competir, inovar e evoluir por meio da gestão das pessoas. Ou seja, dentro daquele processo de mudança, o que se estava pedindo ao nosso personagem é que ele mudasse também.

Mas, como costuma dizer Warren Bennis, o problema é que não é verdade que as pessoas não gostam de mudanças; o que elas não gostam de fato é de serem mudadas.

Depois de tentar uma legítima mobilização contra a perda dos símbolos de *status* da posição, nosso personagem optou pelo desligamento. E ele o fez, creio, não pelo fato de as regras do jogo terem mudado justamente quando chegara a sua vez, mas sim porque, no fundo, sabia que, a partir daquele momento, as regras do jogo iriam mudar com muito mais freqüência.

Isso implicava, de algum modo, ter que mudar um pouco também, mas para isso talvez ele não estivesse a fim. E isso, como aprendemos acima com Bennis, é complicado, pois, no palco dos processos de mudança corporativa, as pessoas têm dificuldades e até resistências a protagonizar as mudanças pessoais demandadas. Elas até topam mudar, mas não querem ser mudadas.

E eis aí um grande desafio de RH num processo de mudança organizacional: impedir que a companhia perca executivos importantes como aquele.

2

Mudar é bom

O desafio, portanto, é duplo, pois compete igualmente a Recursos Humanos a tarefa de atuar junto àquele nosso herói para, sempre que possível, ajudá-lo a mudar de atitude, passando a ter uma convivência saudável com os processos de mudança.

E esse desafio deve ser enfrentado pelo RH de forma muito bem estruturada, pois o *timing* das mudanças organizacionais mudou muito na última década. Há dez anos, uma empresa conseguia manter uma estrutura durante longos períodos, o que era um reflexo do próprio mercado. Hoje em dia, no entanto, o mercado demanda mudanças periódicas. As regras do jogo mudam a toda hora. E é bom que seja assim. Mudar é bom. Mas não é possível enfrentar esse frenesi sem uma linha estruturada de gestão de mudança. Uma linha baseada no gerenciamento da cultura, no monitoramento do clima e na preparação das pessoas para esses movimentos abruptos.

Estar preparado para essas mudanças significa basicamente ter pessoas prontas e bastante motivadas para a dança das cadeiras e para ocupar as novas posições que surgem com essas mudanças. E este é um detalhe crucial que envolve a gestão de talentos.

Como as mudanças são cada vez mais freqüentes e constantes, a empresa não pode se dar ao luxo de, a cada mudança, ir ao mercado para recrutar os talentos requeridos pelo processo de reestruturação.

Um dos fatores que fizeram enorme diferença no mais recente *turnaround* de que participei foi o fato de ter prontos e preparados executivos para ocupar 17 das 21 novas posições demandadas pela reestruturação.

Buscar esses talentos no mercado de uma hora para outra seria, além de muito dispendioso, comprometer o próprio processo de reestruturação, que exigia pessoas que soubessem se deslocar prontamente dentro da cultura e dos mercados da empresa. Por outro lado, tirar esse contingente de suas posições sem ter quem os substituísse imediatamente seria, no mínimo, imprudente. E, para o benefício do processo de mudança, todas as posições foram repostas com recursos internos.

Ao longo de minha carreira, enfrentei cinco grandes processos de mudança. Em todos eles, o que também fez enorme diferença foi a capacidade de o RH estar preparado para apoiar a direção na transmissão eficiente dos objetivos e dos ganhos que a mudança trará para todos os funcionários.

Sempre que a população envolvida e atingida pela mudança foi inteirada dela com rapidez, transparência e maturidade, os resultados vieram naturalmente.

Daquelas cinco mudanças de que falei acima, a mais dramática e envolvente foi, sem dúvida, a última, ocorrida há três anos.

De uma situação muito difícil, a empresa evoluiu para a posição de ser a primeira em seu setor a atrair capital internacional, chamando a atenção de investidores de várias partes do mundo pelo fato de ter feito sua lição de casa no tocante à profissionalização de sua gestão, melhores resultados financeiros, melhorias na gestão dos custos, dos talentos e, finalmente, a elevação de seus índices de rentabilidade a padrões internacionais.

Claro que isso não se faz sem sacrifícios.

A redução de quadro exigida, por exemplo, mexeu com os corações e mentes tanto de quem ficou como de quem precisou ser desligado.

3
Articulação geopolítica

Um bom fluxo de gestão de Recursos Humanos tem sua eficiência avaliada quando se mostra eficaz tanto nos períodos de crescimento quanto nos difíceis momentos de retração e redirecionamento estratégico. Se, no momento de expansão, o foco recai sobre a atração de talentos, no momento da crise, o foco vai naturalmente para a retenção. Por isso, se seu fluxo de RH não cobrir as duas pontas de forma estruturada, a direção não pode conduzir o processo de mudança de forma satisfatória e tranqüila.

Quando ocorrem esses grandes movimentos de passagem de uma gestão familiar para uma gestão profissional, eles costumam ser feitos geralmente por uma liderança executiva vinda de fora, isto é, contratada no mercado. Por essa razão, essas lideranças precisam contar com um apoio interno para compatibilizar a estratégia com a cultura e as idiossincrasias do ambiente a ser mudado. Esse apoio deve vir, de preferência, do RH, pois a chave desses processos está, no fundo, nas pessoas.

Para dar esse apoio, foi preciso afastar-me um pouco da gestão operacional da área — e isso pode ser feito sempre que se tem uma equipe de alta *performance* a quem se podem confiar decisões tanto estratégicas quanto operacionais — para colocar-me mais próximo da direção.

Exercendo uma espécie de articulação geopolítica, missão facilitada pela vasta experiência em desenvolvimento organizacional, foi possível apoiar a presidência no sentido de estabelecer com clareza de que maneira a velha e a nova estrutura, a velha e a nova estratégia e as pessoas, personagens do processo da mudança, estavam interligadas. Foi o processo mais desgastante que enfrentei em toda a minha carreira executiva. Ao mesmo tempo, foi o mais rico em emoção, adrenalina e aprendizado. E isso ocorreu porque o papel de articulador geopolítico exigiu dois movimentos desafiadores.

Em primeiro lugar, exigiu traduzir as aspirações que estavam no ar para ajudar as lideranças a transformá-las em realidade, mostrando que o papel do líder na mudança tinha que ser o de um catalisador que acelera a transformação.

Em segundo lugar, exigiu de mim uma interação quase sempre tensa e delicada com pessoas sobre as quais não tinha nenhuma responsabilidade ou autoridade hierárquica. Foi como começar uma carreira diplomática no meio do movimento de independência de um país. Foi, na verdade, o clímax de um processo que começou há mais de 13 anos, no momento em que recebi o desafio de desenvolvimento de um trabalho de profissionalização da gestão, conciliando os objetivos do negócio com a motivação individual.

O primeiro passo nesse sentido foi, repito, a reestruturação da própria área de Recursos Humanos, que passou a ter uma atuação eminentemente corporativa. Isso significou, também como já disse antes, o estabelecimento das políticas gerais de RH e uma forte atuação em planejamento e desenvolvimento organizacional.

Nesse contexto, foram privilegiadas as ações para o desenvolvimento gerencial com o objetivo de que o grupo promovesse e dirigisse a expansão dos negócios.

Num contexto diferente, como relatei anteriormente, foram privilegiadas as ações para o desenvolvimento da liderança para enfrentar e vencer o desafio de um redirecionamento estratégico mais focado na atividade principal sem perder de vista as oportunidades nos segmentos eletrônico, digital, artístico e cultural. Também sem perder de vista os esforços de continuar sendo um dos melhores ambientes do Brasil para se trabalhar, bem como continuar mantendo a maior densidade de talentos por metro quadrado do país.

Em tempo: a expressão "articulação geopolítica" aglutina os sentidos das expressões "articulador corporativo" e "geopolítica das organizações" usadas por parceiros da vida executiva para definir parte do nosso trabalho.

Minhas crenças sobre mudanças organizacionais

- Mudar é bom.
- E necessário.
- Melhor ainda é quando se tem data certa para a mudança.
- A Comunicação Interna é fundamental, pois ninguém adere ao processo se não tiver clareza sobre os "quês" e "porquês" da mudança.
- Quem não planeja a longo prazo não enxerga a crise e, por conseqüência, as oportunidades.
- Planejar e não cumprir o planejado é pior do que viver à deriva, pois à deriva ao menos não se criam falsas expectativas.
- Uma mudança organizacional é bem-sucedida quando as pessoas estão preparadas para ela.
- Mudança se faz com os profissionais da própria organização. Afinal, são eles quem melhor conhecem sua cultura e seus atalhos.
- Devidamente liderados e motivados, esses profissionais estarão aptos a transformar qualquer empresa.

Terceira Parte

Planejamento de carreira: do embarque ao desembarque

1

Aprendendo com a dança das cadeiras

Dirigir áreas de Recursos Humanos de grandes corporações durante tantos anos conferiu-me muitas responsabilidades, alguns privilégios e, claro, alguns dissabores.

No primeiro caso, destaco o fato de trabalhar com políticas e ferramentas que influenciam diretamente o destino profissional e pessoal da população dessas companhias. O perigo de ser injusto ao se traçar, por exemplo, uma política de remuneração é enorme.

No caso dos privilégios, o principal deles, creio, foi a chance de ter testemunhado o nascimento e, muitas vezes, ter participado diretamente do desenvolvimento de carreiras espetaculares de grandes profissionais.

Entre os dissabores, colocaria o fato de também ter testemunhado inúmeros fracassos e outras tantas frustrações profissionais de indivíduos que não souberam, ou não conseguiram, planejar adequadamente sua entrada, a permanência e tampouco sua saída da cena executiva.

Portanto, na minha posição, a questão do planejamento, da administração e da reorientação de carreira sempre fizeram parte da rotina. Sobretudo nos últimos três anos, em que estive envolvido num formidável processo de reestruturação organizacional, tive que atuar diretamente na dança de 21 carreiras executivas de alto nível de responsabilidade. Auxiliar a direção da empresa na determinação de quem senta onde foi um exercício que exigiu horas de longas conversas. Conversas tensas, é verdade, porém de uma riqueza única. Tensas porque, em sua maioria, foram conversas marcadas pela ansiedade e pelas expectativas profissionais dos interlocutores. Ricas porque todas elas me colocaram frente a frente com as virtudes e os defeitos de pessoas excepcionais, mentes brilhantes, comportamentos que iam do clássico ao exótico. Isso acabou me levando a ampliar meus conhecimentos acerca da natureza e do comportamento humano. Sim, é verdade, as pessoas não gostam de ser mudadas.

Umas mais do que as outras.

2

Atitude, a grande vilã dos fracassos

De tudo o que pude observar, algo que chamou demasiadamente minha atenção foi verificar que, sobretudo nos ambientes criativos, o maior vilão das decepções e das frustrações de expectativas é, sem dúvida, a atitude, aquele vértice A do triângulo Conhecimento, Habilidades e Atitude — o famoso CHA.

Somadas à minha observação prática do dia-a-dia, inteirei-me de pesquisas recentes segundo as quais 70% das demissões de executivos nas grandes empresas não ocorrem por incompetência, mas sim devido a comportamentos egocêntricos e excessivamente individualistas, em geral atitudes ligadas à dificuldade de trabalhar em equipe.

É verdade. Os profissionais ainda sentem muita dificuldade em pensar o espaço corporativo na primeira pessoa do plural.

3

Ambivalência curiosa

Não saber pensar e se colocar no espaço corporativo utilizando a terceira pessoa do plural como veículo é, entretanto, uma situação de curiosa ambivalência.

Por um lado, espera-se do profissional do século XXI nada menos que seu DNA criativo, ou seja, espera-se dele aquilo que ele tem de mais próprio, de mais individual. Dele, espera-se ainda um estilo, uma verve, uma sacada próprios.

Ao mesmo tempo, dele se espera uma atuação quase que o tempo todo em grupo, em equipe, agora, mais do que nunca, em equipes multifuncionais compostas de profissionais que dominam outras áreas e linguagens que não sejam as suas. Dele também se espera que compartilhe suas informações e, principalmente, seus conhecimentos. Ora, isso costuma dar um nó na cabeça do indivíduo que ainda é educado segundo a máxima de que o que nos confere poder é justamente nossa capacidade de reter e não compartilhar informação e conhecimento.

Navegar por entre os caminhos escorregadios dessa ambivalência é, a meu ver, um dos principais desafios do executivo moderno. Não vejo como ser bem-sucedido nesse desafio sem *coaching*, mentoria e, às vezes, até mesmo orientação psicológica. O problema é que este último item ainda assusta os profissionais.

Ao longo desses anos de carreira em Recursos Humanos, passaram pela minha sala executivos de currículos invejáveis. A maioria deles verdadeiros mestres na arte de fazer resultados. Quase todos com planos de, um dia, chegar às cadeiras de COOs e CEOs.

A experiência mostrou-me que, entre os que não chegam lá, estão aqueles profissionais muito fechados em si próprios, personalistas e que não levam em conta o estilo e o padrão de gestão da companhia. Como se sofressem de uma espécie de síndrome da segurança absoluta, alimentam a certeza de que a ascensão é apenas uma questão de talento técnico e de tempo. Indiferentes aos rituais e às etiquetas da vida executiva, costumam até burlar o trabalho de *coaching* e mentoria e são irredutíveis quanto à idéia de se submeterem a um acompanhamento psicológico.

Por outro lado, também pude constatar nesses anos todos que aqueles que costumam chegar ao topo e lá se manter com sucesso são justamente aqueles que

a) aceitam o duro exercício de questionar e reavaliar a idéia de que "resultado a qualquer custo", isto é, os meios justificam os fins, é coisa de um obscuro passado empresarial;
b) encaram os próprios *gaps*, submetendo-se paciente e inteligentemente ao *coaching* e à mentoria;
c) admitem, quando é o caso, até um acompanhamento psicológico para adequar e situar sua personalidade à modernidade corporativa.

4

Um trem chamado carreira

Ao ter que se envolver nas carreiras alheias, ossos do ofício, a reflexão sobre a própria carreira acaba se tornando uma prática natural. Depois de passar mais de vinte anos observando, interagindo, orientando e reorientando as carreiras — minha e a dos outros —, acabei, certo dia, compondo mentalmente um corolário daquilo que funciona e dos pontos que devem ser incontornavelmente considerados na hora de se fazer uma reflexão de carreira. Este corolário resultou num método de planejamento que apresento mais adiante. Por ora, vale considerar alguns aspectos do cenário em que esse método se sedimentou. Um cenário repleto de trilhas seguras e atalhos perigosos. Nesse cenário, embarcar hoje na carreira executiva, passar por todas as suas estações e desembarcar em um porto material e espiritualmente seguro são um sonho que tem muito mais chances de ser concretizado se for devidamente planejado.

Assim como hoje não existe atleta de alta *performance* cuja carreira não seja meticulosamente pensada do início ao fim, também na vida executiva o planejamento da carreira está atingindo um nível de sofisticação sem precedentes. Logo de saída, é preciso estar ciente de que, do embarque ao desembarque, passando pelas estações, o responsável pela nossa carreira somos, em última instância, nós mesmos, pois aquela empresa que fazia o gerenciamento das carreiras dos funcionários já não existe mais. E foi-se o tempo em que, do ponto inicial ao ponto final, fazíamos o percurso todo em uma única companhia. E o tempo levou outras coisas importantes. Por exemplo, os planos de carreira eram por tempo de casa, lembram-se? Só precisávamos deixar o tempo passar para obter crescimento profissional. Isso acabou. A realidade hoje é de uma instabilidade a toda prova.

No mundo pós-globalizado, há competitividade inclusive na relação profissional entre empresa e empregado. Primeiro, é preciso ser bom para poder ser escolhido pelas melhores empresas. E é preciso ser ainda melhor para poder escolher aquela empresa em que queremos trabalhar. Mas, se é verdade que a pessoa é quem deve gerenciar a própria carreira, é igualmente verdade que as empresas têm hoje em dia estruturas e instrumentos de gestão cada vez mais sofisticados para apoiar e investir nos melhores profissionais, pois, se ela não fizer isso, vai perdê-los inexoravelmente. Assim, note, cria-se uma via de mão dupla, isto é, você é o responsável pelo desenvolvimento de sua carreira, mas as empresas topam participar e até mesmo bancar boa parte desse desenvolvimento.

Essa é uma boa notícia, pois os mecanismos de gestão de pessoas das empresas modernas facilitam e estimulam a prática do planejamento pessoal da carreira.

Hoje, dentro das organizações, somos levados o tempo todo a ter que refletir sobre a existência ou não de compatibilidade e simultaneidade entre aquilo que desejamos e aquilo de que a empresa precisa.

Mais do que essas duas variáveis — nosso desejo e as necessidades da empresa —, há outras, como nossa imagem na comunidade corporativa e como articulamos nossos conhecimentos, habilidades e atitudes. Por um lado, temos que correr atrás das oportunidades. Por outro, temos que estar prontos quando elas surgem. Por último, temos que estar conscientes de que, ao contrário do entusiasmo e das grandes expectativas do embarque, o desembarque, como tive o dissabor de presenciar ao longo da minha experiência, pode gerar angústia e frustração para o próprio executivo, sua família e até para a empresa quando não é levado em conta ao longo do planejamento. Por essa razão, empreendi com determinação e esmero o planejamento rigoroso do meu próprio desembarque. Pois assisti a desembarques infelizes sobretudo nos ambientes criativos, em que os profissionais, mergulhados no seu eterno e formidável compromisso com o novo, com o estar à frente de seu tempo, acabam negligenciando o próprio futuro.

É verdade que, com o arrefecimento do romantismo nas profissões criativas, essa situação está mudando, mas o certo é que, no Brasil, o planejamento de carreira ainda não se sedimentou como uma prática e uma cultura entre os executivos desses ambientes.

5

40 anos: a hora certa para a reflexão de carreira

> "Dentro da empresa, poucas carreiras podem trafegar ao largo do aval, ou da bênção, ou da consulta com o José Wilson. Ele tem um jeito harmônico de acompanhar a carreira dos outros. Salta aos olhos essa capacidade que tem de indicar uma direção. Ele sabe sentir a temperatura, ouvir o que outras pessoas disseram, transportar para outra conversa, de uma maneira brilhante, com o respeito de não interromper as pessoas."
>
> Mauro Calliari (diretor geral de *Veja* e *Exame*, Editora Abril)

Mas, afinal, qual o momento certo para refletirmos sobre a nossa carreira? Quais os pontos que devem ser levados em conta nessa reflexão? É algo que podemos fazer sozinhos? Ou devemos esperar a iniciativa da empresa? O que nos garante que, empreendida a reflexão, o sucesso será uma conseqüência natural?

Para começar e por tudo o que pude viver, presenciar e observar no mundo corporativo, diria que não existe hora mais adequada e fértil do que empreendermos uma rigorosa e metódica reflexão de carreira ao chegarmos aos 40 anos.

Não pela mística que envolve essa idade — tempos de crise, paranóia do questionamento introspectivo, ponto de inflexão do auge da felicidade e todo um vasto cabedal de lendas que cercam esse período da vida do homem e da mulher —, mas pela simples divisão da ordem em que as etapas se sucedem do embarque ao desembarque.

Em média, aos 40 anos, já vivemos 15 anos de nossa carreira, supondo que ela tenha começado, o que geralmente ocorre, aos 25.

Em média, aos 40 anos, temos pela frente mais 15 anos de vida profissional útil, visto que nossa energia para produtividade e qualidade executivas costumam ir até os 55 anos, como têm demonstrado as circunstâncias e as estatísticas.

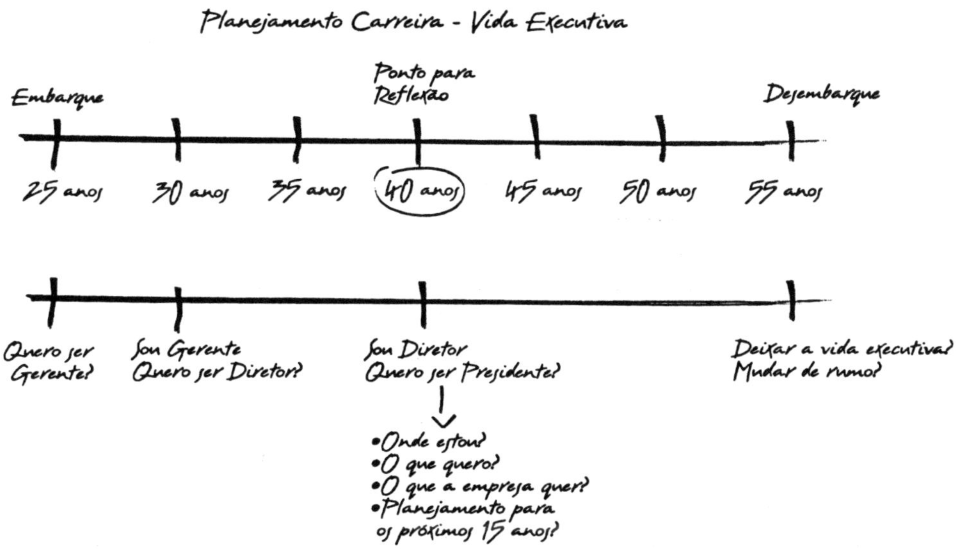

A boa notícia é que, dada a evolução da expectativa de vida, ainda nos resta pela frente de 15 a 20 anos para serem curtidos de diversas formas, ou melhor, da forma que seu planejamento conseguir estabelecer. Por essa razão, um dos pontos cruciais do planejamento é se preparar para estar física, financeira e psicologicamente inteiro para que essa reta final seja de fato os melhores anos da nossa vida. Presenciei grandes sofrimentos de executivos que não estavam preparados para esse momento.

O que você deseja fazer nesse tiro final pode ser um ótimo ponto de partida para se iniciar a reflexão dos 40 anos. E, aqui, os pontos que balizam a reflexão devem ser, obrigatoriamente, os seguintes:

- Estou pronto para deixar a vida executiva?
- Fora dela, terei o conforto e a independência que espero? Estou poupando, investindo corretamente?
- Terei a sabedoria necessária para usufruir ao máximo as coisas boas da vida? Estou me planejando culturalmente para isso?
- Terei o equilíbrio familiar? Estou dando a atenção que os meus merecem?
- Estarei inteiro física e mentalmente? Como anda minha freqüência na academia?
- Terei amigos com quem poderei contar? Estou zelando pela integridade de minhas amizades? Estou fazendo novos amigos?
- E a empresa? Cumpri o último compromisso, isto é, fiz um sucessor, deixei linhas de sucessão estabelecidas?

Evidentemente, a articulação e a formulação das respostas para essas questões devem estar alinhadas a uma outra superfície da reflexão. É preciso, simultaneamente, portanto:

- Estabelecer objetivos (O que quero ser? Presidente? Em que empresa, na atual?).
- Ajustar seus movimentos com os da empresa (Em quanto tempo a empresa vai precisar de um novo presidente? Sou o perfil ideal?).
- Estabelecer prazos convenientes para você e para a companhia (Qual o *timing* de que preciso para chegar lá? Qual o *timing* de que a empresa precisa para que eu esteja lá, pronto?).
- Realizar (Fazer a entrega correspondente ao meu talento e à expectativa que gerei na companhia).

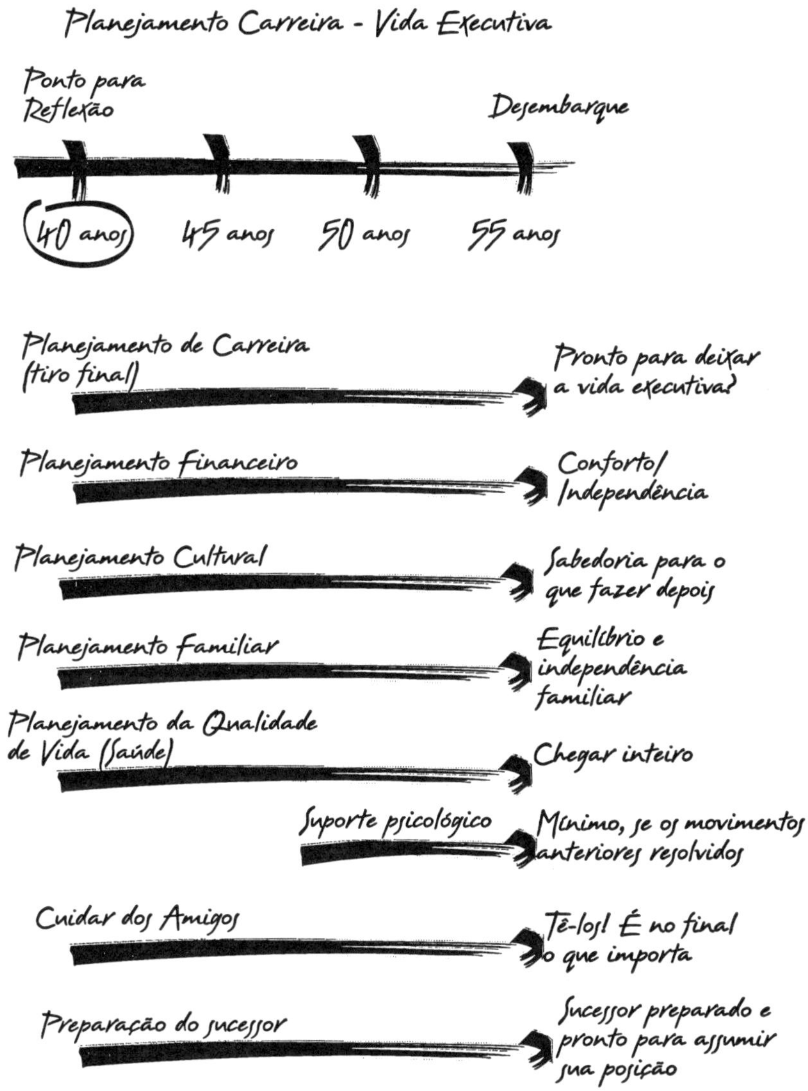

Ou seja, estaremos devidamente prontos para o desembarque se tivermos estabelecido os objetivos, tentado corrigir os erros e combinado o jogo com a empresa.

A boa notícia é que, no que concerne às empresas modernas, essa reflexão poderá contar com o apoio de *coaching*, aconselhamento de carreira e mentoria.

Se a reflexão ocorrer num momento em que se está fora de uma estrutura corporativa, é preciso buscar esse tipo de apoio através de consultorias ou *personal coachers*.

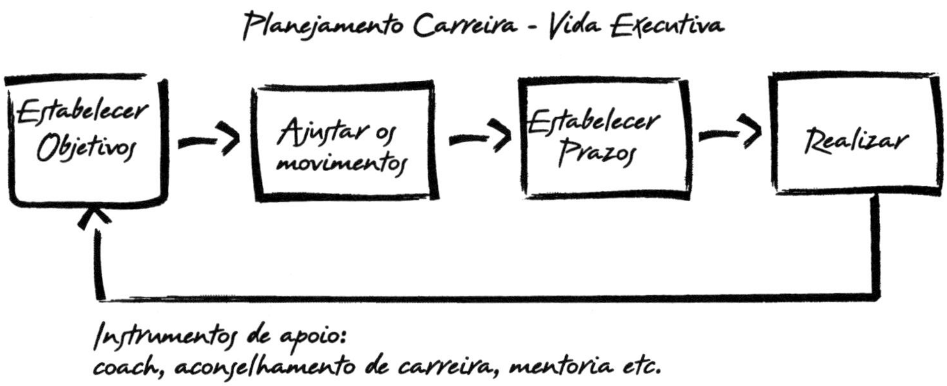

6

Preparando-se para o que vem depois dos 40

Todos os pontos que visam a balizar a reflexão dos 40 anos são, como tentei colocar anteriormente, cruciais, mas gostaria de dedicar um breve comentário a três deles: a questão do planejamento cultural, a questão do preparo físico e a questão das realizações profissionais.

Comecemos pela questão cultural. O aprendizado contínuo não é apenas um requisito *sine qua non* de inclusão no atual mercado de trabalho.

Ele é também fundamental para potencializar nossos relacionamentos familiares, sociais e até amorosos. Não se faz nada sem cultura: viaja-se mal, nossas intervenções se tornam desinteressantes, nosso espírito enfraquece.

Turbinar nossa condição cultural é, portanto, importante tanto para os 15 anos que nos restam dentro da vida executiva quanto para os 15 ou 20 anos que usufruiremos para além dela.

E isso vale tanto para quem pretende ter um pós-desembarque no ócio quanto para aqueles que pretendem continuar profissionalmente ativos nesse período, como, aliás, é o meu caso.

Por isso, o investimento em cultura, um bom planejamento cultural, é que nos garantirá um maior leque de opções tanto para o tiro final da vida executiva quanto para o que vem depois. Este planejamento deve incluir viagens, idiomas, cinema, teatro e, principalmente, leitura.

Nesse aspecto, outra boa notícia é a excelente oferta de cursos e programas de humanidades que se pode encontrar hoje tanto dentro quanto fora das empresas.

Também dentro da própria empresa pode estar a solução para você evitar o sedentarismo.

Se sua companhia não dispuser de academia ou se você não for do tipo que curte movimentar-se em cima de aparelhos e equipamentos impessoais, experimente um parque público, aproxime-se daquele executivo que descobriu o nirvana depois que passou a pedalar com amigos durante a noite.

Ou então — e essa é uma ótima dica — faça como aquele executivo que, um pouco antes de chegar aos 40, descobriu o tênis e fez desse esporte tremendamente individualista e desafiador um paralelo com a sua própria carreira.

"Dentro de uma quadra de tênis, você é submetido, o tempo todo, a uma enorme pressão mental", disse-me ele. "Se você está perdendo o jogo, fica pensando numa estratégia para virá-lo", prosseguiu ele. "Mas, se está ganhando, isso também não deixa sua cabeça à vontade: você fica sendo pressionado a não deixar com que o placar positivo provoque em você um relaxamento excessivo, o que, se acontecer tira você do jogo", acrescentou. "Além disso, quanto mais você treina, mais sente necessidade de treinar. E isso ocorre simplesmente porque, no tênis, você é impelido a querer ganhar de adversários cada vez mais fortes." "Por todos esses aspectos", ensinou-me ele, "o tênis é um campo natural de aperfeiçoamento de um executivo. Numa quadra como no competitivo mundo dos negócios você é levado a controlar as emoções, usar a razão o tempo todo e a jamais se dar por satisfeito com as primeiras vitórias."

— De resto — concluiu ele — na esfera do tênis é possível construir um futuro para a hora da aposentadoria.

Finalmente, vale a pena comentar, numa ou duas frases, a questão da nossa entrega profissional. Hoje, o senso de comunidade dentro das organizações está, como já observei, alterando enormemente as relações de trabalho. Hoje, no mundo do trabalho autogerenciável, o executivo não é avaliado apenas por sua chefia, mas pela comunidade. Por essa razão, creio, uma forma saudável de se movimentar dentro da empresa é associando seu nome e sua imagem a projetos sólidos e consistentes.

Pensando nisso é que digo sempre para a minha equipe que não basta apenas conceber e implementar um projeto importante: é preciso botar o bloco na rua, divulgá-lo, contar para a empresa o que foi feito. Mas isso deve ser feito levando-se em conta o equilíbrio, de modo a não transformar essa ação de comunicação numa ação de *marketing* pessoal ou corporativismo cabotino.

Não estou decretando o fim da carreira executiva aos 55 anos, apenas recomendando fortemente a construção de outra alternativa, até para não se tornar refém da primeira.

7

Não desembarque antes de fazer seu sucessor

Esta, aliás, nem é mais uma questão opcional.

Em todas as etapas da carreira de um executivo moderno, ele terá que, obrigatoriamente, lidar com a questão da própria sucessão. Não importa o nível em que esteja dentro da organização, para se movimentar, como disse antes, o profissional tem que ajudar a empresa a fazer, internamente, a reposição.

Minha última sucessão — essa que está me permitindo desembarcar da vida executiva dentro de grandes organizações para dar início a uma carreira solo na área de consultoria em planejamento de carreira — eu a fiz da forma que se segue.

O primeiro passo foi combinar o jogo com a empresa, estabelecendo prazos e objetivos finais da gestão.

Em seguida, como sempre fiz ao longo de toda a carreira, envolver a própria equipe, convidando-a para participar do jogo da forma mais aberta e democrática possível. Propus uma eleição. Uma eleição entre os membros da própria equipe.

A pergunta era: quem de vocês está mais preparado para assumir o posto que planejo deixar na data xis?

Um gesto de certa forma inovador, mas também arriscado, pois poderia, inclusive, desestabilizar a equipe, visto que alguma pessoa poderia achar-se mais preparada que as outras e pleitear o cargo, o que desestabilizaria também a área.

E ao longo do processo houve, de fato, vários pontos de desconforto, inclusive e sobretudo para o eleito, já que a transparência foi total.

Embora tenha feito a eleição durante almoços individuais, com o tempo passei a discutir o resultado com o grupo e com a própria direção. O próximo passo foi dar ao eleito a dura missão de se preparar para o cargo: horas de muito *coaching*, cursos e, principalmente, aprofundamento ao nível da paranóia da empresa, sua cultura, suas pessoas, seus valores. Sem isso, não se pode sentar na primeira cadeira de Recursos Humanos.

Avançado esse processo, houve quem sugerisse: por que não coloca uma mesa para ele na sua sala para ele ir se ambientando? Não. Fazer isso é comprometer a própria sucessão, pois você transmite a idéia de que o sucessor não está preparado, que depende da sua chancela. Da mesma forma, seu sucessor tem que saber a hora certa de sentar-se na cadeira. Quando se senta antes... Conhecemos bem esse filme.

Esse processo transparente na hora da sucessão não foi exclusivo dessa minha última jornada. Em todas as empresas onde trabalhei não foi diferente. Desta vez, porém, creio ter deixado algo mais que um sucessor pronto para assumir o posto. Estou convencido de que deixei instaurada na empresa a prática de ter no RH profissionais e talentos tão preparados e competitivos quanto aqueles que estão em qualquer outra área estratégica da organização. Conseqüentemente, creio ter instalado entre os executivos do RH uma nova mentalidade e uma nova postura com relação às perspectivas de movimentações em suas carreiras.

Afinal, se o que faz diferença na Administração moderna é a arte e a capacidade de gerir pessoas (e só por meio delas obter resultados nos negócios), podemos concluir que o RH é, por definição, um verdadeiro celeiro de gestores com esse diferencial.

Assim, os profissionais da área devem se preparar e deixar para trás aquele estigma de que tradicionalmente o RH não fornece presidentes ou diretores gerais para a companhia e passar a almejar com total legitimidade qualquer cadeira dentro da organização, inclusive, e sobretudo, a de presidente.

Minhas crenças sobre planejamento de carreira

- Somos responsáveis pela nossa carreira.
- A imagem que refletimos é importante para administrarmos nossa carreira: ética, bagagem cultural e até preparo físico, tudo isso conta muito. Mas se você não for identificado pelos projetos que entrega, você está frito.
- Por isso, para não ficar feito alma penada pela organização, entregue um projeto e, a partir disso, capitalize ao máximo.
- Desconfio dos currículos que mostram salto em pequenos períodos de tempo.
- O bom executivo fica sentado por pelo menos três anos numa cadeira, o período mínimo necessário para ele planejar, executar e entregar os resultados.
- Não se deve sair da vida executiva sem deixar na companhia o seu sucessor.

Apêndices

1

Um líder que está entre a discrição e a ousadia

Por Hamilton dos Santos

Numa era em que o mundo dos negócios virou palco de egos inflados e *marketing* pessoal espalhafatoso, o executivo José Wilson Armani Paschoal é um raro exemplo de discrição, com todos os atributos desse adjetivo: tem discernimento, sensatez, sabe guardar segredo, é prudente, reservado, circunspecto, modesto, recatado, íntegro.

Isso não significa que o seu desempenho à frente de grandes empresas nacionais e multinacionais tenha passado despercebido. Ao contrário, José Wilson deixou sua marca ao contribuir para a modernização das práticas de Recursos Humanos no país.

Sua ousadia começa pela luta incansável de transformar a área de Recursos Humanos num núcleo estratégico, com pleno direito a assento no *board* das empresas.

Como se sabe, geralmente nas grandes corporações do passado, a área de RH tinha um papel quase marginal, distante do centro de poder, de onde emanam as decisões.

Os testemunhos de seus atuais pares e de antigos colegas nas empresas por onde passou são unânimes: José Wilson, mais do que um estrategista, é um visionário: reestruturou corporações, implantou novos métodos de gestão, implementou políticas inovadoras de qualidade, preparou equipes de alta *performance*, sempre a partir da crença de que, no fundo, o que conta mesmo são as pessoas.

Com a sua ação profissional, contribuiu para que RH deixasse de ser uma sigla e se transformasse em figuras reais, pessoas que atuam como consultores, presentes na vida dos gestores, solidárias na busca de resultados, aptas a participar de grandes transformações.

José Wilson nasceu em São Paulo, mas sua família mudou-se para Mirassol, na região de São José do Rio Preto, onde passou sua infância e parte da adolescência.

A cidade o convidaria anos depois para dar a aula inaugural de sua primeira instituição de ensino superior, a Faculdades Integradas de Mirassol (Faimi).

2

Depoimentos

Perfil do autor segundo depoimentos de pessoas com as quais dividiu sua experiência profissional

•

"Qual o maior desafio de uma empresa de comunicação? Conseguir espaços criativos sem perder a disciplina que o negócio requer. Acho que o grande mérito da Abril foi chegar muito próximo desse equilíbrio. Mas não saberia distinguir com exatidão o quanto desse feito é mérito próprio do José Wilson, o quanto teve origem nas ações do presidente executivo e o quanto é resultado da própria cultura da empresa. O certo, entretanto, é que estou na Abril porque comprei uma certa visão de Recursos Humanos. Uma visão que, em vez de contrapor resultados e pessoas, como normalmente se faz, apregoa resultados com pessoas. Não há uma dicotomia, uma opção entre um e outro. José Wilson acredita nisso e conseguiu disseminar essa visão."

Andrés Bruzzone
(*diretor superintendente de Alto Consumo, Editora Abril*)

•

"Acho que a grande capacidade do JW é o que chamo de geopolítica das organizações. Consegue ver com muita clareza de que maneira as estruturas, as estratégias e as pessoas estão interligadas. Sabe quem são as pessoas que fazem a diferença, quem manda, com quem pode contar em determinado contexto e o que realmente está por trás daquilo que se quis dizer. Ele faz essa leitura de maneira muito elaborada. Essa capacidade analítica da situação, da cultura empresarial, é que alavanca completamente sua atuação. Ele sabe, por exemplo, de que maneira determinada ação repercute, e faz essa avaliação previamente. Enfim, ele tem essa capacidade de avaliar muito bem, de saber quando determinada ação deve ou não ser iniciada. O que se aprende, mais do que *o que se faz* é o *como se faz*, quando se trabalha com ele. Sempre vi que ele tinha pessoas com quem podia contar, em diferentes lugares, para ter essa visão geral da organização e definir o *how to*. Dessa forma, ele foi implementando várias ações, vários programas... Não importa se ele teve que dar dois passos para trás para depois andar meio passo, foi assim que ele foi avançando. O que se vê hoje é que ele tem um trabalho consolidado, fez uma série de coisas e tem uma área de RH das mais sofisticadas do mercado. Como principal responsável de recursos humanos na corporação, sua articulação com os responsáveis pelo RH das unidades de negócios era impressionante, porque, apesar de negociar o tempo todo e ser extremamente flexível, era muito cioso da autoridade que tinha em seu papel corporativo, estabelecendo limites muito claros. Ele é uma pessoa muito disponível, muito gentil, e tem o lado diplomático, negociador, de harmonizar e compor sempre. Não é uma pessoa que entra em conflitos. Só que em nenhum momento isso pode ser confundido com não ter o controle e a autoridade sobre os assuntos e as questões nas quais ele tem a responsabilidade estabelecida. Nunca o vi perder um centímetro de espaço. Como gestor, ele consegue dar uma liberdade muito grande para as pessoas, naquilo que elas têm de melhor para desenvolver. Ele deixa as pessoas 'viajarem', proporem, criarem... Está muito aberto ao que a pessoa tiver para oferecer, porque é muito receptivo. Ele não tem o estilo de reunir a equipe mensalmente, para todo mundo saber o que se fez. Mas, quando se pensa na área isoladamente, ele tem uma condução que é muito adequada...

Tem outra vertente, muito importante e complementar à parte técnica do RH, que é o papel dele como conselheiro e mentor de carreiras. Ele faz muito isso junto aos dirigentes e às pessoas-chave. Por ter uma visão política, estratégica e cultural do mundo organizacional bastante aprimorada, ele consegue ser um interlocutor muito importante para as lideranças da empresa. É óbvio que existem conflitos de interesse. Não posso dizer que ele tem uma atuação neutra, mas seu grau de isenção é muito maior que o das demais pessoas, porque, devido ao papel corporativo, busca o bem comum e tenta interferir nesse grande propósito que é a estratégia da empresa como um todo. Acho que a empresa tem aí um ganho incalculável."

Bete Saraiva
(*diretora de Educação em Gestão, Editora Abril*)

•

"José Wilson tem a percepção exata das pessoas que vão compor uma equipe, principalmente das que são diferentes dele e entre si. E sabe detectar o que as pessoas têm de melhor. Daí a facilidade que tem em montar equipes cujos membros se complementam, porque um é mais conceitual, o outro é mais prático, o outro é mais reflexivo. Interessante que ele não descarta pessoas. Mas também não tem dúvidas em demitir ou não contratar, se achar que não agrega, que não combina. Isso nele é muito natural, muito genuíno. Na opinião de José Wilson, em empresas de determinados segmentos, não necessariamente se foca a gestão no núcleo criativo — no caso da

Abril os jornalistas, principalmente —, mas toda a organização deve respirar de uma determinada forma. Portanto, toda a cadeia produtiva, todo o processo têm que ser compostos com pessoas imbuídas de espírito criativo. Isso é muito perceptível para os profissionais da Abril, porque é uma empresa que tem uma imagem fantástica no mercado, o que essa empresa faz é muito conhecido, muito diferente de outras empresas, como *B-to-B*, que não fazem coisas de uso doméstico. Ele insiste que a empresa precisa de talentos criativos e até artísticos, como na MTV, mas esses talentos são necessários não só naquele lugar onde se cria aquele produto, mas na organização inteira."

Diva Helena Velasco
(diretora de Atração e Desenvolvimento de Recursos Humanos , Editora Abril)

•

"Além de ser uma pessoa que conhece profundamente a área em que atua, José Wilson é uma pessoa encantadora, um homem muito sensível, muito gentil, muito confiável. Enfim, ele tem todos aqueles atributos para fazer com que as pessoas que precisam ser ouvidas ou participam dessas mudanças se sintam à vontade para se colocar e acreditar que aquilo que ele está sugerindo, as questões da maneira como ele está conduzindo, é o certo, é o que se tem a fazer. Ele também tem essa qualidade importante, que é estar de olhos bem abertos, com o coração aberto, para entender como é que funciona esse processo dos jornalistas. Posso falar, porque trabalhei a maior parte da minha vida do outro lado, como jornalista, como editora. A área de RH deixou de ser uma sigla e se transformou em figuras reais, pessoas que são nossos consultores que andam pelas diversas áreas. Não há um dia em que não estejam com a gente, conhecem todos os nomes, fazem parte da equipe. Hoje não se faz nenhum movimento sem que o RH não seja ouvido."

Elda Müller
(*diretora superintendente de* Casa *e* Bem-Estar)

•

"O primeiro aspecto é você ter uma visão clara de objetivos, de norte, do que é efetivamente relevante, não só para a equipe em si, mas para a interação da equipe com a organização. Só assim pode-se orientar a equipe para a agregação de valor, para a obtenção de resultados, senão a própria equipe não vai ser reconhecida como equipe de alta *performance*. E nisso José Wilson é fantástico. Ele tem uma percepção de *timing*, de entrada, da forma de colocar a idéia, que potencializa a contribuição da equipe. Ele sempre teve essa visão e em função disso acabou liderando dentro da organização alguns movimentos de transformação orientacional. Quando se tem esse espaço político, tem-se também maior sensibilidade para as necessidades da organização, e essa sensibilidade se torna mais acurada para selecionar os membros que vão compor a equipe. A importância do *coach*, do líder, sente-se na hora em que precisamos dele para tomar uma decisão crucial. Vivi um grande dilema: ocupar um cargo mais importante dentro da área de RH ou abrir mão disso e iniciar o curso de mestrado, em tempo integral. Sempre que se escolhe também se está renunciando a outras coisas. Por isso é importante ter no seu líder confiança a ponto de considerar fortemente as suas observações e recomendações. Nesse aspecto, José Wilson foi fundamental nas equipes que formou. Sempre estimulava suas equipes a inovar, a criar, a experimentar, a errar."

Joel Dutra
(*professor da FEA/USP e consultor de empresas*)

•

"A característica mais marcante do José Wilson é que ele te coloca diante de desafios. Para mim, foi assim, quando me convidou para trabalhar com ele na Elebra: 'O nosso desafio é construir uma corporação. Você está acostumado a trabalhar numa empresa multinacional, mas você se reporta à corporação, eles é que detêm a inteligência, geram as políticas, os procedimentos, os processos. Aqui, nós é que vamos fazer isso do zero; não temos política de RH, não temos procedimentos, não temos nada. E você vai nos ajudar a fazer isso.' Aprendi uma lição definitiva: para atrair talentos, os desafios são mais importantes que o dinheiro, que o *status*. Acho que ele montou a equipe a dedo, escolhendo um a um por suas características. Preciso de um cara que seja puro sentimento, para ouvir, para raramente dizer não, para processar. Preciso de um cara empresário, pragmático, acostumado com a política, lidar com personalidades diversas, planejador para olhar lá na frente. Preciso de um cara que adore operação, para tocar os processos. Foi pegando as pessoas segundo o que elas gostavam de fazer. Essa figura de retórica vocês já ouviram mais de sessenta vezes: uma orquestra sinfônica. O primeiro violino, o *spala*, na orquestra do José Wilson, não era um músico cujo pai o obrigou a estudar aquele instrumento, dando porrada; não, ele verdadeiramente adorava tocar violino. E todos eram assim; ele conseguiu colocar as pessoas certas nos lugares certos."

Laércio Gonçalves
(*diretor da Tecno Consulting Group*)

•

"José Wilson valoriza bastante quem trabalha com ele. Mas, isso é antecedido pela capacidade que tem de escolher as pessoas. E consegue manter aceso o espírito de motivação, expondo as pessoas de sua equipe na empresa. Em geral, os profissionais de RH têm uma certa timidez, sentem-se escondidos numa caverna. Com ele é o contrário: temos que buscar o reconhecimento, mostrar o que fazemos. Eu mesmo fui submetido a esse processo. Tive que aprender a plantar, a colher e mostrar a colheita. No meu caso foi surpreendente como JWP me promoveu. Em pouco mais de um ano deixei de ser supervisor para ocupar o lugar de meu antigo chefe, gerente de Remuneração. Penso que ele não sabia muita coisa a meu respeito, mas ele me disse apenas que o que ele tinha observado, desde sua chegada, já lhe bastava para me recomendar para aquele cargo. Quando ele chegou não tínhamos absolutamente nenhuma regra ou política objetiva de remuneração. Eram fatores muito subjetivos que determinavam os critérios. Essa foi a primeira tarefa que ele discutiu comigo: a definição de uma regra clara, uma política de remuneração para divulgar para toda a empresa. Tivemos a ajuda de algumas consultorias externas, como a Hay, que atuou mais como um crítico externo. A coluna mestra dessa política foi criar um critério de avaliação de desempenho, com todos os responsáveis pelas áreas. O cálculo dependia do resultado geral da empresa. Um dos grandes méritos da gestão de José Wilson é que tudo isso pode ser divulgado, é uma ação totalmente transparente. E isso funcionou tanto nos bons tempos como quando a empresa teve maus resultados. Os executivos podem comprovar isso e mostram-se muito satisfeitos com essa política objetiva e transparente".

Luiz Ângelo Fellet
(*diretor corporativo de Remuneração e Benefícios , Editora Abril*)

•

"Uma das características de José Wilson é estabelecer fortes vínculos com a equipe com que trabalha. O suporte que dá a quem trabalha com ele é sensível, visível. Outro ponto que valorizo bastante é o relacionamento que ele mantém fora da empresa, principalmente com consultores, *headhunters* etc. Este relacionamento que ele estabelece com quem pode agregar *know-how*, com quem eventualmente tem a teoria mas não tem a prática, e vice-versa, é uma postura sábia. Uma postura que possibilita a ele atuar para além dos domínios convencionais da área de Recursos Humanos. Um exemplo disso pode ser observado no modo como, logo no início de sua gestão no Grupo Abril, ele tomou a dianteira do projeto de implantação de um programa de qualidade. À época, a empresa passara a se preocupar com a questão da qualidade devido à necessidade de se enquadrar às Normas ISO. Ao se ver diante da nova demanda que, em tese, não era exatamente uma atribuição da área de RH, lembrou-se de mim, que viera para trabalhar no RH da operação de televisão, mas acabei ficando sem função quando a operação de TV passou a compartilhar serviços com a corporação. À proposta que ele me fez para ser gerente de Qualidade Corporativa, reagi com surpresa total.

— Mas eu não entendo nada de programas de qualidade — exclamei.

— Eu também não — respondeu-me ele. — Mas estou convencido de que você saberá muito bem buscar as melhores soluções para a empresa.

Imediatamente, comecei a percorrer as entranhas da organização para observar o que já existia em termos de política de qualidade. Havia alguma coisa apenas no parque gráfico, isto é, na operação industrial. E o que havia era muito específico e só servia para aquele setor. Foi quando trouxemos um consultor externo, que apresentou algo diferente, em vez de se fixar no modelo tradicional de Qualidade Total, que tivera origem nos EUA, mas que era identificado com o mundo dos negócios japonês e estava associado a cortes e demissões. Esse conceito era a reengenharia, a famosa teoria criada em 1990 pelo até então desconhecido Michael Hammer. Significava um redesenho radical dos processos de negócio, com o objetivo de obter melhorias drásticas nos custos, nos serviços e no tempo. Para uma empresa de mídia que, no começo da década, alimentara todos aqueles sonhos de expansão, era um processo extremamente recomendável, pois poderia ser um antídoto para evitar um crescimento desordenado. Desde o princípio, era óbvio que não se poderia, no caso daquela empresa, pensar na implantação de uma reengenharia pura, pois isso implicava começar tudo do zero, o que seria um disparate para uma empresa de cultura tão forte. Depois de muito tempo, encontramos os ganchos para se começar a desenvolver um programa de reengenharia na organização. Um desses ganchos era toda a área de publicações, o centro nervoso da empresa. Lembro, num determinado dia, entramos, eu e o José Wilson, na redação da maior revista feminina do país e, à porta do local, ouvimos o som das máquinas de escrever. Para o meu completo espanto, só a secretária da diretora de redação tinha computador, que já era um artigo relativamente utilizado em algumas redações de jornais de grande circulação. Nesse setor, portanto, ficou fácil saber por onde começar uma reengenharia: informatizando as redações. Um ano depois e a despeito da difícil interlocução com os dirigentes dessa área, o projeto foi implantado com sucesso. Esse processo, além de ter contribuído para a modernização dos ambientes de trabalho do núcleo criativo, fomentou as discussões em torno do embrião de um projeto que mais tarde se consolidaria com a implantação da área de Serviços Compartilhados. Sem um gestor articulado como é o José Wilson talvez o RH não tivesse a oportunidade nem a disposição de se envolver numa empreitada dessas."

Márcio Ogliara

(*diretor de Recursos Humanos, Editora Abril*)

•

"O José Wilson é um dos cinco únicos membros da alta direção da empresa que sobreviveu às suas três últimas reestruturações. Dos cinco, ele foi o único que chegou de fora, sendo que os demais haviam crescido aqui dentro, praticamente começaram a empresa com Roberto Civita. Ele chegou num período difícil — chegar de fora hoje é muito mais fácil porque vivemos uma etapa mais profissionalizada. Acho que José Wilson é uma das pessoas mais íntegras que já conheci em toda a minha vida. Acho que seu sucesso se deve à autoconfiança que ele adquiriu com o tempo e ao próprio amadurecimento. Mas no começo foi muito difícil para ele. Eu mesma, quando me informaram que passaria a responder para a vice-presidência de Recursos Humanos, senti-me desprestigiada, por imaginar que passaria a ser uma jornalista relegada à aridez de uma área administrativa. Lembro que odiei tudo, até o 'jargão' usado nas reuniões que não fazia parte do mundo ao qual estava acostumada. Com o passar do tempo, notei que havia vida inteligente naquele RH. Ao mesmo tempo, o José Wilson passou a dominar os códigos, as etiquetas e os rituais desse ambiente criativo. Fez isso ouvindo as pessoas. Aprendi com isso que uma equipe formada a partir das diferenças é extremamente enriquecedora. Hoje, agradeço a oportunidade de ter incorporado à minha experiência jornalística aquela moderna visão de RH. Nunca tive uma porta fechada com ele, qualquer hora do dia ou da noite que eu quiser, sei que José Wilson vai me receber. Isso você acaba passando automaticamente para a sua base."

Marília França
(*gerente de Comunicação Interna, Editora Abril*)

•

"O que vejo no retrospecto dos últimos anos é que a capacidade do RH em articular as mudanças organizacionais está diretamente ligada ao peso que essa área adquiriu pela ação de seu primeiro homem, o José Wilson. Louve-se a capacidade dele, que, enquanto não sente condições objetivas, ele, sabiamente, não se mete. Em que hora se vê o RH mais forte? Quando se lhe atribui um problema mais forte; mas o RH também encolhe, não vai agir à toa quando sente que não há condições objetivas para sua ação surtir resultados. Isso é um mérito. A área de Recursos Humanos se articulou de maneiras diferentes para cada uma dessas fases de mudança. A área sempre esteve presente nos bastidores, houve uma crescente formalização da sua participação na estrutura da empresa. Se antes se caracterizava por ser capaz de ouvir e interpretar os agentes de mudança e ajudar em sua ação, hoje ela tem uma participação crescentemente mais formal, desde o consultor que atende a unidade de negócio à organização e execução dos cursos."

Mauro Calliari
(*diretor-geral de* Veja *e* Exame, *Editora Abril*)

•

"Acho que um bom profissional de Recursos Humanos, mais do que conceito, metodologia, ferramenta e técnica, tem que ter sensibilidade para lidar com pessoas. Isso é o que diferencia José Wilson de outros profissionais da área. Primeiro, ele é muito hábil na construção de alianças. Enquanto permite à sua equipe trabalhar mais tecnicamente, constrói alianças e parcerias estratégicas, possibilitando a entrada e inserção de novas idéias com mais facilidade. O grande diferencial que ele tem é essa competência, essa habilidade negocial, de refinar parcerias. Em segundo lugar, ele tem olho e sensibilidade para identificar talentos e pessoas. Essa é uma verdadeira visão de

Recursos Humanos, de alguém que tem o discurso e faz. Isso tem muito a ver com a sensibilidade que ele tem para pessoas. Ele observa atenta e discretamente as pessoas, e as apóia, acredita, dá espaço, reconhece. Enfim, esse conjunto de coisas que faz com que as pessoas trabalhem mais e melhor. As pessoas querem isso, querem demonstrar que podem fazer, realizar, vencer desafios. Como líder, ele dá espaço para as pessoas criarem. As pessoas vaidosas são incapazes de fazer isso. Acho que José Wilson não é uma pessoa vaidosa.

Como condutor de processos de mudanças, ele traz ameaças para as pessoas. É hábil nesse processo, porque ele ganha o respeito e a credibilidade das pessoas, o que facilita em muito o trabalho. A mudança tem que ser orquestrada, no ritmo que as pessoas agüentam, senão elas a abortam. Não pode ser feita a qualquer custo, é fazê-la respeitando os tempos, os processos, para que não caia no descrédito. O José Wilson tem um estilo menos diretivo. Ele identifica o talento, dá o espaço e reconhece. Ressalta bastante o que é bem-feito, incapaz de bater forte. Respeita o seu ritmo, o seu jeito de trabalho, ele lida bem com isso. O seu maior mérito não reside na técnica, mas na competência política, na construção de alianças e parcerias, na identificação e desenvolvimento de pessoas, aí é que ele faz uma enorme diferença. Ele se cerca de gente competente em diversas especialidades e seu mérito está em identificar e atrair esse tipo de pessoas. A empresa também ajuda, trabalhar na Abril é muito charmoso. Outro elemento que gostaria de ressaltar da personalidade de José Wilson, e que o ajuda angariar o respeito e a confiança das pessoas, é esse jeitão, esse DNA meio caipira que ele faz questão de manter, que dá a ele esse ar de modéstia, que faz com que ele dê mais importância às pessoas que o cercam que a ele mesmo. Isso é altamente sedutor."

Roseli Parrela

(diretora de Recursos Humanos da DIRECTV)

•

"Acho que José Wilson tem um jeito especial de transitar por ambientes criativos. Veja como ele cresceu muito nos últimos três anos, quando lhe foi dado o papel de articulador, mais do que de gestor de Recursos Humanos. Sempre digo: eu não teria implantado Serviços Compartilhados se não fosse a área de RH. Não teria nenhuma chance de dar certo."

Valter Pasquini
(*vice-presidente de Serviços Compartilhados, Editora Abril*)

•

"Eu tinha um consultório, era clínico geral e pneumologista. E também exercia a função de médico do trabalho numa fábrica de tintas. José Wilson me convidou para trabalhar na Elebra, que estava em plena expansão. O trabalho me envolveu de tal maneira que acabei virando executivo. Aos poucos fui crescendo dentro da estrutura, fui sendo chamado mais, participava mais. De certa forma, ele foi me preparando, pouco a pouco. Mas, mesmo quando ele me mandou para fora, para fazer cursos, nem imaginava que poderia ser diretor de RH, nem tinha essa ambição ou aspiração. Se você me perguntar hoje, já com 60 anos, com tudo o que passei na vida, de todas as atividades que exerci qual a que eu mais gostava, eu responderia: foi a medicina, sem dúvida. Mas aprendi com José Wilson a curtir a adrenalina da vida executiva."

Vicente Paschoal Pinto Moraes
(*médico, ex-diretor de Recursos Humanos da Elebra*)

•

"Acho que o grande aprendizado na gestão de pessoas criativas é que há um tempo de deixar acontecer e um tempo de dar forma. Se a primeira fase não for respeitada, corre-se o risco de deformar. Lembro que, nos primórdios da montagem de uma das empresas pontocom do Grupo Abril, talvez por insegurança, eu cerceei muitas iniciativas por estar preocupada com as premissas, com as políticas, com o padrão. Percebi, então, que poderia matar o que nem nascera. Afinal, as diferenças na gestão de pessoas criativas começam pela liberdade necessária para que elas sejam produtivas, o que exige maior delegação de controle do que no caso de qualquer outra área de operação. Alguns gestores também apontam o personalismo e a falta de planejamento como complicadores na gestão de criativos, com o que eu concordo. O personalismo, caracterizado pela excessiva autovalorização de suas idéias, contribui e muito para a não adaptação ao trabalho em equipe — é comum os times serem formados por amigos. A falta de planejamento e, principalmente, a dificuldade em cumprir prazos, que às vezes parece ser provocada por características de personalidade, fazem com que cronogramas e *deadlines* sejam vistos como fatores de pressão naturalmente incômodos. Conciliar essas dificuldades é habilidade que precisa ser aprendida no ambiente criativo. Para tal aprendizado, é fundamental um fluxo de comunicação interna rápido e flexível. Em conversas com José Wilson aprendi que o lastro poderia ser pequeno, mas sempre deveria existir. Padrões e regras ganhariam o contorno daquele negócio, e até teriam que ser recriados, se necessário fosse. Mas, acima de tudo, respeitar o limite do padrão e da regra era fundamental. Isso é difícil para as pessoas criativas, mas é essencial para os negócios. A gestão de José Wilson reflete o que escrevi acima. Não me lembro de nenhuma vez em que ele tenha dito 'isso não pode', ou mesmo 'por aqui não'. Ao contrário, sempre houve o 'por que isso?' ou o 'e se formos por ali?'. Posturas como essa estimulam a criação de soluções, nutrem a geração de idéias."

Claudia Ribeiro
(*diretora de Consultoria de RH, Editora Abril*)

Posfácio

Alfaiates do mundo corporativo

Thomaz Souto Corrêa*

Eu não acho que a venda de pedaço de capital da Abril para o grupo Capital** tenha encerrado o processo de transformação que a Abril está vivendo. Passados três anos de incrível aperto, ainda falta caminho para chegar a uma situação tranqüila, na qual possamos considerar o *turnaround* completo.

Isto dito, acho que a área de RH forneceu uma base para que as transformações ocorressem sem traumas, mesmo considerando os momentos mais difíceis do desligamento de um importante número de funcionários.

Tive sempre a impressão de que o presidente executivo operava — se é que se possa usar essa palavra — com tranqüilidade, por

---

*Thomaz Souto Corrêa é membro do Conselho de Administração, VP do Conselho Editorial e consultor para revistas do Grupo Abril.

**Ao vender 13,8% de seu capital para o Capital Group, fundo norte-americano de investimento, a Abril tornou-se, em julho de 2004, o primeiro grupo de mídia do país a se valer da lei que permite ao capital estrangeiro participação de até 30% em companhia desse ramo.

saber que o elemento humano estava sendo tratado com respeito e profissionalismo.

Como não estou mais ligado à linha, fica difícil fazer uma avaliação objetiva de onde o RH errou e acertou, porque só ouço impressões — e no geral são positivas. Mesmo com relação ao que ainda há por fazer, tenho a mesma dificuldade. Mas acho que uma deficiência antiga na Abril, que é o treinamento como atividade permanente, avançou muito nos últimos anos, embora ainda haja muito por fazer.

Além disso, é preciso não esquecer que o RH sozinho não consegue operar a contento se não tiver apoio da cúpula da empresa. Portanto, não acho que se possa debitar à gestão do JW as eventuais falhas de áreas que ainda precisam ser desenvolvidas.

O fato de que o JW tenha sobrevivido a pelo menos quatro ou cinco estilos completamente diferentes de seus chefes ou pares administrarem faz dele meu candidato preferido ao Homem de RH dos últimos anos. É claro que diplomacia é fundamental, mas acho que uma firmeza de posição também marca espaço em ambientes tumultuados. E sempre achei que o JW se comportou com estas duas habilidades: diplomacia, com firmeza de posições.

Quem primeiro entrevistou o JW para trabalhar na Abril fui eu, e o objetivo era que ele viesse trabalhar comigo, na operação Revistas. Mas quando o RC o entrevistou, puxou-o logo para a corporação, e eu perdi o homem RH que eu tinha encontrado, não me lembro mais como. E claro que eu entendi que ele tinha mesmo de ir para a corporação, e não para uma operação que — apesar de grande — não abarcava toda a empresa.

Conto isso para mostrar que a empatia surgiu logo na primeira entrevista, confirmando desde logo que poderíamos trabalhar bem em conjunto. Para não falar nas origens mirassolenses, que cimentaram uma amizade mais do que uma parceria de trabalho.

Por essa empatia, sempre me resultou importante apoiar o JW na tarefa de implantar uma área de Recursos Humanos na Abril, que atendesse à empresa em momento de crescimento, de definição de novos cargos, de necessidade de um sistema administrador de carreiras, de um programa que estruturasse e difundisse os valores da Abril, entre tantas outras coisas.

E é claro que, para ajudar nesse papel, não foram poucas as situações em que parecíamos mais alfaiates do que executivos, costurando um sem-número de situações entre colegas de diversos escalões, sempre às turras por motivos eminentemente políticos. Acho que o JW se diplomou com louvor nessa arte de sobreviver e ajudar outros a sobreviver (ou não) nessa absurda batalha da política corporativa.

Glossário

Benchmark — Processo de comparação de uma empresa com outras, objetivando estabelecer metas para melhoria de um produto ou serviço; referencial pelo qual algum ativo pode ser medido ou julgado; carteira de referência escolhida antecipadamente pelo investidor de forma detalhada;.

Board — Conselho diretor da empresa.

CHA — Conhecimento, Habilidade e Atitude.

CEO — *Chief Executive Officer.* Principal executivo da empresa, cargo mais alto na corporação. A função do CEO é correspondente à do presidente, diretor-geral.

COO — *Chief Operating Officer.* É o executivo que trabalha lado a lado do CEO, executando e delegando responsabilidade aos funcionários da empresa.

Device — Dispositivo, aparelho; plano, astúcia; padrão, modelo.

Gap — Brecha, lacuna, intervalo, espaço vazio, disparidade.

Headhunter — Profissional que usa sua rede de contatos para localizar e contratar executivos para empresas.

Job rotation — Prática em que os funcionários da empresa adquirem experiência profissional em diversos setores internos. Algumas companhias de atuação global incentivam funcionários de determinada filial a ser deslocar para escritórios em outros países. Segundo as empresas, o *job rotation* propicia a troca de experiências e o intercâmbio cultural.

Market share — Participação de mercado

Quarto poder — Expressão usada para se referir à imprensa, em função de sua influência e manipulação sobre a sociedade. Estando atrás dos outros três poderes — Executivo, Legislativo e Judiciário —, a imprensa faz parte da democracia moderna, em que a liberdade de expressão é muito discutida, assim como a opinião pública.

Turnaround — Reestruturação da empresa, por meio da revisão dos processos gerenciais.

Referências

Jack Welch - Formado em engenharia química pela Universidade de Massachusetts (EUA), Welch foi o presidente mais novo da General Electric (GE), uma das empresas mais respeitadas nos Estados Unidos, em 1981. Nascido em 1935 em Massachusetts, Welch possui técnicas de liderança e gerência que servem de exemplo para se ter uma carreira de sucesso. Autor do livro *Jack definitivo: segredos do executivo do século* (Campus) e protagonista de outros, como *Os 29 segredos de Jack Welch*, de Robert Slater (Campus), o americano reescreveu as regras para se obter uma firma bem-sucedida e implementou um ambiente de trabalho informal. Com isso, pôde interagir com os funcionários e participar de todas as etapas do negócio.

Peter Drucker - Doutor em direito público e internacional pela Universidade de Frankfurt (Alemanha), o austríaco que nasceu em Viena em 1909 foi professor de administração na Universidade de Nova York, de política e filosofia na Faculdade de Bennington, e hoje leciona ciências sociais e administração na Universidade Claremont, Califórnia (EUA). Drucker foi economista de bancos americanos e europeus e correspondente de um grupo de jornais britânicos. Hoje atua como consultor, além de usar a experiência de ter sido colunista do *Wall Street Journal* na colaboração em revistas. O austríaco escreve sobre economia e administração, tem mais de trinta livros publicados, entre eles *Administração de organizações sem fins lucrativos* e *Desafios gerenciais para o século XXI* (ambos da Thompson Learning) e a autobiografia *Adventures of a Bystander* (Wiley).

Richard Florida - O sociólogo e Ph.D. pela Universidade Columbia é autor de *The Rise of the Creative Class: And How Its Transforming Work, Leisure Community and Everyday Life* (Basic Books), nomeado um dos dez livros mais influentes de 2002 e vencedor do prêmio de Livro Político do mesmo ano. Com a obra, Florida levantou o debate sobre as causas e conseqüências do crescimento da economia. Professor de desenvolvimento econômico da Universidade de Carnegie Mellon (EUA), é fundador e diretor de duas firmas que lidam com estratégia e inovação: Catalytix e o Grupo Creative. Florida co-escreveu outros cinco livros, entre eles *Industrializing Knowledge: University-Industry Links in Japan and the United States* (MIT Press) e *Beyond Mass Production* (Oxford University Press).

Warren Bennis - Autor de mais de vinte livros e ilustre professor de administração de negócios da Escola de Negócios Marshall, na Carolina do Sul, Bennis é considerado uma autoridade nos assuntos liderança, mudança e gerência. Nascido em 1925, foi fundador-presidente do Instituto de Liderança da Universidade Carolina do Sul, presidente da Universidade de Cincinnati e do Departamento de Estudos Organizacionais da Escola de Administração Sloan. Participou do conselho da Câmara Americana de Comércio e do Centro da Universidade Claremont. Em 1993, foi nomeado pelo *Wall Street Journal* um dos dez especialistas em administração. Seus livros que viraram best-sellers são *Líderes: Estratégias para assumir a verdadeira liderança* (Harbra) e *On Becoming A Leader* (Simon & Schuster).

Este livro foi composto na tipologia Minion,
em corpo 12/16, e impresso em papel
90 g/m² no Sistema Cameron da Divisão
Gráfica da Distribuidora Record.